JN056982

取引契約条項別の文例作成とチェックポイント

■ 債権法改正等に対応した契約担当者の実務

経営法務フォーラム　編

発行 ⊕ 民事法研究会

は し が き

1 本書の成り立ちと目的

　本書の編者である経営法務フォーラムは、平成25年5月に職歴15年以上の中堅弁護士によって構成されていた「経営問題研究会」として発足しました。この研究会では、特に中小企業の経営に関する法律問題、最新判例等を研究し、中小企業の経営者の方等にアドバイス等を行っておりました。さらに、経営者の方等が関心の高いテーマについては、公開のシンポジウムを行う等して、メンバーの研究結果を発表してまいりました。

　その後、当会は、研究領域を拡大し、また、活動領域も拡大することになりましたので、平成29年1月に名称を「経営法務フォーラム」へと変更して、さらにメンバーも増やしたうえで、研究テーマ別に分科会や部会等を設けて活動していくことになりました。

　そして、当会は、来る債権法の大改正に備えて、債権法の改正点を研究したうえで、公開のシンポジウム等も行っておりましたが、今回、研究テーマ発表の一環として、本書を発行することになりました。

　これまで、債権法改正に関する書籍はすでに多く発行されておりますが、なかなか実践的な書籍は少ないようです。また、我々は、中小企業の経営者や法務担当者等から、契約書の具体的条項に関する質問を受けることが多いことから、契約書の具体的条項についても研究を行っておりました。

　そこで、我々は、今回、具体的条項に関する記載を中心とした内容で、かつ、債権法の大改正を踏まえたうえで、本書を発行することにしました。

　本書は、債権法の大改正に対応したうえで、実践的でかつ使いやすい内容となっておりますので、多くの方にお使いいただけるものであると自負しております。

2 本書の特色と使い方

　契約書作成に関する書籍の多くは、はじめに総論として、契約書の意義・役割、作成上の留意点等を記載し、その後、売買契約、賃貸借契約、業務委託契約等の各契約類型ごとに契約書のひな形を記載しております。そのため、全く

の白紙の状態から契約書を作成する場合には、作成する契約類型の箇所を参考にしていけばよいことになります。

　しかしながら、実務上、全く白紙の状態から契約書を作成するケースは、そう多くはありません。当該業界で利用されている契約書ひな形を適宜修正して作成する場合や、過去に使用した契約書の内容を適宜修正して作成する場合、相手方から契約書案として提案されたものを検討して適宜修正する場合等のほうが圧倒的に多いものです。このような場合には、各契約類型ごとに契約書のひな形を記載している書籍ではあまり役に立たないことが多いと思われ、また、当該契約書の条項を修正するにあたり、特に参考にしたい具体的条項を探すにもかなりの時間がかかってしまうことが多いと思われます。さらに、そもそも参考にしたい具体的条項の記載がない場合もあります。

　そこで、本書は、具体的条項に関する記載を中心とした内容として、実務上より実践的に利用できるように、具体的条項ごとの章立てとして構成し、かつ、具体的条項例もできるだけ複数の条項例を挙げることで使いやすく工夫しております。さらに、目次から具体的条項を探しやすくできる工夫もしております。

　本書では、どのような契約類型であっても、記載せざるを得ないと思われる共通の具体的条項を取り上げております。また、実務上、あまり詳しく記載されていない具体的条項も取り上げております。さらに、今回の債権法改正を踏まえて、民法改正での影響を受けると思われる具体的条項も取り上げており、民法改正が具体的条項にどのように影響を与えたのかを知るうえでの参考になります。

　本書では、取り上げた具体的条項ごとにいくつかのコラムを付けております。これは、当該具体的条項に関するコラムを付けることで、読者に当該具体的条項をより実践的にイメージできるように工夫したものです。法律実務家や会社の法務担当者等には、具体的なイメージをもって本書を利用していただきたいと思います。

　令和2年5月

経営法務フォーラム代表・弁護士　髙　栁　一　誠

『取引契約条項別の文例作成とチェックポイント』

目　次

第1章　個別契約の成立に関する条項

目　次

第2章　納品に関する条項

第3章　検収に関する条項

第4章　所有権の移転に関する条項

第5章　危険負担に関する条項

第6章　契約不適合責任（旧瑕疵担保責任）に関する条項

第7章　表明保証に関する条項

第8章　秘密保持に関する条項

第9章　支払いに関する条項

第10章　同意（承諾）に関する条項

第11章　誓約条項

第12章　解除に関する条項

　Ⅰ　チェックポイント……………………………………………………………… 174

　　1　本条項の要否を検討すべき契約類型…………………………………… 174

第13章　競業避止に関する条項

第14章　損害賠償に関する条項

第15章　債務保証に関する条項

第16章　暴力団排除条項

第17章　管轄に関する条項

凡　例

〈法令等略語表〉

民	令和2年4月1日現在の民法。 本書で民法は、同日施行の「民法の一部を改正する法律（平成29年法律第44号）」による改正後のものである。民法の中で特に債権法改正の箇所に言及するときは、「改正前民法（カッコは「改正前民○条」）」「改正後民法（カッコは「改正後民○条」）」を用いている。
商	商法（「商法及び国際海上物品運送法の一部を改正する法律（平成30年法律第29号）」（平成31年4月1日施行）、「民法の一部を改正する法律の施行に伴う関係法律の整備等に関する法律（平成29年法律第45号）」（令和2年4月1日施行）による改正後のもの）
労働者派遣法、労派遣	労働者派遣事業の適正な運営の確保及び派遣労働者の保護等に関する法律
下請法	下請代金支払遅延等防止法
個人情報保護法	個人情報の保護に関する法律

〈判例集・定期刊行物表記〉

民集	最高裁判所民事判例集
判タ	判例タイムズ
民録	大審院民事判決録

第1章　個別契約の成立に関する条項

Ⅰ　チェックポイント

1　取引基本契約と個別契約

　取引基本契約は、継続的契約、すなわち当事者間で反復継続して行われる取引関係において、共通して適用される事項をまとめてあらかじめ定めた契約である。取引基本契約に定めた取引条件は、特約がない限り、個別契約の取引条件となる。

　これに対し、個別契約は、取引基本契約を締結した当事者が、個別の取引について、取引の内容を具体的に定める契約を指す。具体的には、注文書や注文請書等により行われる。

2　本条項の必要性・重要性

　継続的契約の場合、取引を行う期間、個別契約で取り扱う目的物または役務の範囲、代金等の支払方法、取引基本契約と個別契約が矛盾抵触する場合の優劣関係等、個別契約に共通して適用される事項を取引基本契約に定めることとなるが、個別契約の成立の条件や成立時期に関する事項は、取引基本契約において必ず定めておくべき重要事項といえる。

3　本条項の要否を検討すべき契約類型

　継続的契約の代表例として、商品の継続的売買契約があげられる。もっとも、当事者間で一定の取引を反復継続して行うのであれば、売買以外の契約類型でも継続的契約とすることはもちろん可能である。

4　民法の改正による影響

(1)　改正後民法における定型約款の規定の新設

　現代社会においては、大量の取引を迅速かつ安定的に行うために、契約に際して約款を用いることが必要となっている。この点、改正前民法では約款に関して特段の規定を設けていなかったが、改正後民法においては、約款を用いた取引の法的安定性を確保するため、定型約款に関する規定を新設している（改正後民548条の2ないし4）。

(2)　事業者間取引で用いられる契約書のひな形は「定型約款」に該当するか

　事業者間で行われる事業上の取引では、契約書の作成に要する時間や費用を削減するため、当事者の一方が準備した契約書のひな形を利用して契約が締結されることが多い。継続的契約においても、当事者の一方が準備した契約書のひな型を利用して取引基本契約を作成することが想定されるところであるが、この場合の契約書のひな形が「定型約款」（改正後民548条の2第1項）に該当するかが問題となる。

　このような事業者間取引においては、ひな形どおりの内容で契約をするかどうかは最終的には当事者間の交渉によって決まるものであり、場合によっては他方の当事者からも他のひな形が提示され、そのいずれを採用するかも含めて交渉が行われることも少なくない。これは、当事者の一方にとってはひな形により取引の内容を画一化することが合理的であるとしても、他方の当事者にとっては必ずしもそのようにはいえないからである。

　したがって、ひな形が用いられる事業者間取引は、そのひな形どおりに契約が締結されることが実際に多かったとしても、基本的に、取引の「内容の全部又は一部が画一的であることがその双方にとって合理的なもの」（改正後民548条の2第1項柱書）とはいえないため、このひな形が定型約款の要件に該当することはないと考えられる。もっとも、取引の相手方が法人であるか個人であるかを問わず、同一の内容の契約条項によって契約が締結されるもの（例、預金規定やコンピュータソフトウェアのライセンス規約等）については、事業者間取引で用いられることがあるとしても、定型約款に該当することが多いと考えられる。このようなものは、たたき台として利用されるひな形とはいいがたいも

のであり、相手方からしても画一的であることに合理性のある取引であるからである。

Ⅱ　継続的売買契約の場合

1　個別契約の成立のための条件

　売買契約が成立するためには、当事者の一方がある財産権を相手方に移転することを約し、相手方がこれに対してその代金を支払うことを約することが必要である（民555条）。個別の売買契約が成立するためには、その基本的要素である売買の目的物および数量、代金、財産権の移転や目的物の引渡しの時期および方法、代金支払いの時期および方法を定める必要があるが、上記の基本要素のうちどの事項を取引基本契約で規定するかを検討する必要がある。一方、取引基本契約で定めないこととした事項については個別契約で定めることとなるが、その旨を取引基本契約で明示しておかなければならない。また、個別契約においてどのような方法で契約の基本的要素を特定するのかを取引基本契約で定めることも必要である。一般的に、当事者間で個別契約につき契約書を取り交わすのは稀であり、注文書および注文請書により特定するケースが多いと考えられるが、いずれにせよ、売買契約の内容を特定する方法を具体的に取引基本契約で定めなければならないといえる。

2　個別契約成立の時期

　継続的売買契約の個別契約においては、買主が注文書を発行し、売主がこれを承諾しあるいは注文請書を発行したりすることが多い。このような隔地者間の契約の場合、従来契約の申込みに対し承諾の通知を発したときに契約が成立する発信主義がとられていたが（改正前民526条1項）、民法改正に伴い、改正前民法526条が削除され、原則である到達主義がとられることとなった（改正後民97条1項）。

　もっとも、商人の場合、平常取引をする者からその営業の部類に属する契約

の申込みを受けたときは、遅滞なく、契約の申込みに対する諾否の通知を発しなければならない（商509条1項）。申込みを受領した商人が遅滞なく諾否の通知を発しなかったときは、その商人はその申込みを承諾したものとみなされる（同条2項）。

　以上の原則を念頭においたうえで、個別契約の成立時期に関し取引基本契約で規定する。特に、個別契約の成立時期に関し、上記の原則と異なるルールを定める場合は、その内容を取引基本契約で規定する必要がある。

(1)　典型的な文例

甲：買主　乙：売主

（個別契約）

第○条　個別契約においては、本契約に定めるものを除き、発注年月日、商品の品名、数量、価格、引渡期日、引渡場所、検収完了期日、支払期日を定めるものとする。

　　2　個別契約は、前項の各事項を記載した乙所定の注文書を甲が乙に交付し、これに対し乙が注文請書を甲に交付したときに成立する。

（注）　売主が注文請書を買主に交付したときに個別契約が成立することとした。

(2)　個別契約の成立時期を注文書の交付時と定めた文例

甲：買主　乙：売主

（個別契約）

第○条　個別契約においては、本契約に定めるものを除き、発注年月日、商品の品名、数量、価格、引渡期日、引渡場所、検収完了期日、支払期日を定めるものとする。

　　2　個別契約は、前項の各事項を記載した乙所定の注文書を甲が乙に交付したときに成立する。

（注）　注文書の交付によって個別契約の成立を認め、取引の迅速化を図った。

(3)　**折衷的な文例（その1）**

甲：買主　乙：売主

（個別契約）

第○条　個別契約においては、発注年月日、目的物の名称、数量、引渡期日、引渡場所、検収完了期日、支払期日等を定めるものとし、以上の各事項は甲が乙に交付する注文書によりこれを定める。ただし、乙が注文書を受領後3日以内に別段の意思表示をした場合は、乙及び甲が協議のうえ上記の各事項を定める。

(注)　注文書の交付により原則として個別契約の成立を認め取引の迅速化を図る一方、売主の注文に対し買主が異議を述べる余地を認めた。

(4)　**折衷的な文例（その2）**

甲：買主　乙：売主

（個別契約）

第○条　個別契約においては、本契約に定めるものを除き、発注年月日、商品の品名、数量、価格、引渡期日、引渡場所、検収完了期日、支払期日を定めるものとする。

2　本契約に基づく甲乙間の個別契約は、甲が乙に注文書を交付し、乙がこれを承諾することによって成立する。ただし、乙より、甲の注文書交付後3日以内に別段の意思表示がされないときは、乙はこれを承諾したものとみなす。

(注)　買主の注文に対する売主の諾否の回答に期限を設けることにより、取引の迅速化に配慮した。

Ⅲ　労働者派遣契約の場合

1　労働者派遣契約

　「労働者派遣事業」とは、「労働者派遣を業として行うこと」をいい（労派遣2条3号）、労働者派遣とは、「自己の雇用する労働者を、当該雇用関係の下に、かつ、他人の指揮命令を受けて、当該他人のために労働に従事させることをいい、当該他人に対し当該労働者を当該他人に雇用させることを約してするものを含まないもの」とする（同法2条1号）。

　「労働者派遣契約」とは、「当事者の一方が相手方に対し労働者派遣をすることを約する契約」をいう（労派遣26条1項カッコ書）。労働者派遣契約については、労働者派遣に関する基本的事項を定めた基本契約と、労働者を派遣する場合に就業条件等より、具体的な事項を定めた個別契約を締結することがある。

　労働者派遣契約の当事者は、当該労働者派遣契約の締結に際し、労働者派遣法26条1項に掲げる事項を定めるとともに、その内容の差異に応じて派遣労働者の人数を定めなければならない。これらの事項は個別契約で定めることが多いと考えられるが、各個別契約に共通する事項については、あらかじめ基本契約で定めることはもちろん差し支えない。

2　労働者派遣基本契約の文例

(1)　典型的な文例（その1）

甲：派遣先事業者　乙：派遣元事業者

（目的）

第1条　本契約は、「労働者派遣事業の適正な運営の確保及び派遣労働者の保護等に関する法律」（以下、「労働者派遣法」という。）及び本契約に基づき、乙が、自己の雇用する労働者を甲に派遣し、甲が派遣労働者を指揮命令して業務に従事させることを目的とする。

（適用範囲）

第２条　本契約は、特に定めのない限り、本契約の有効期間中、甲乙間において別途締結する次条の労働者派遣個別契約に適用する。

（個別契約）

第３条　甲及び乙は、乙が甲に労働者派遣を行う都度、本契約に基づき個別契約を締結する。当該個別契約には労働者派遣法の定めに基づき、派遣労働者の従事する業務内容、就業場所、就業期間、その他必要な事項について規定する。

(2)　典型的な文例（その２）

甲：派遣先事業者　乙：派遣元事業者

（個別契約）

第○条　甲及び乙は、乙が甲に労働者派遣を行う都度、本契約に基づき個別契約を締結する。当該個別契約には、労働者派遣法の定めに基づき、派遣労働者の従事する業務内容、就業場所、就業期間、その他必要な事項について規定する。

　　2　乙は、前項の個別契約に定められた業務（以下、「派遣業務」という。）の遂行に必要とされる技術・能力・経験等を有する派遣労働者を選定のうえ、労働者の派遣を行うよう努めるものとする。[1]

※１　派遣元事業者は、派遣先事業者の要望に沿った派遣労働者を選定するよう努力すべきことを明記した。

3　労働者派遣個別契約の文例

甲：派遣先事業者　乙：派遣元事業者

労働者派遣個別契約書[2]

乙は、甲に対し、次の条件の下に労働者派遣を行うものとする。

派遣先	○○株式会社

就業場所	東京都○○区○○ 1 ― 1 ― 1
組織単位	本社○○部（○○部長）
業務内容	（具体的に記載）
派遣期間	令和○○年 1 月 1 日〜令和○○年 3 月31日
派遣労働者が従事する業務に伴う責任の程度	（具体的な役職名を記載。役職を有さない派遣労働者であればその旨（例：「役職なし」）を記載。）
就業日	月・火・水・木・金（但し、祝日を除く。）
指揮命令者	部署：　　　　　　　　　　役職： 氏名：
派遣先責任者	部署：　　　　　　　　　　役職： 氏名：　　　　　　　　　　電話：
派遣元責任者	部署：　　　　　　　　　　役職： 氏名：　　　　　　　　　　電話：
就業時間 （休憩時間）	9：00〜18：00 （休憩時間12：00〜13：00の60分間）
時間外（休日）労働	（法定時間内）1 日及び 1 週間の法定労働時間まで就労させることができる。 （法定時間外）1 日○時間／ 1 か月○○時間／ 1 年○○○時間の範囲内で就労させることができる。 ※　法定時間外は乙の労使協定により年 6 回を限度に 1 か月○○時間（年○○○時間）まで延長させることができる。
安全及び衛生	（具体的に記載）
福利厚生	（具体的に記載）
派遣人員	○人
苦情の申出先処理方法・連携体制	(1)　苦情の申出先 （派遣先）　○○部長　○○　○○ 　　　　　　　電話： （派遣元）　派遣事業部長　××　××

	電話：
	(2)　苦情処理方法・連携体制等 　　派遣先・派遣元責任者若しくは担当者が連携し、誠意をもって遅滞なく適切かつ迅速に処理し、その結果を必ず派遣労働者に通知する。
派遣労働者の雇用の安定を図るために必要な措置	(1)　甲は、専ら甲に起因する事由により、派遣契約期間の満了前に契約解除を行おうとする場合は、乙の合意を得ることはもとより、乙に対し30日前までにその旨の申入れを行う。 (2)　甲及び乙は、派遣契約期間の満了前に派遣労働者の責めに帰すべき事由によらない派遣契約の解除を行った場合には、甲の関連会社での就業を斡旋する等により、派遣労働者の新たな就業機会の確保を図る。 (3)　甲は、甲の責めに帰すべき事由により派遣契約期間の満了前に契約解除を行おうとする場合は、派遣労働者の新たな就業機会を確保することとし、これができないときは、乙が派遣労働者を休業させるために生じる休業手当に相当する額以上の額、またやむを得ない事由により解除する場合は、(1)の期間の猶予をもって行われなかったことにより乙が解雇を予告しない場合は30日分以上、当該予告日から解雇日までの期間が30日に満たない場合は当該解雇日の30日前の日から当該予告日までの日数分以上の賃金に相当する額以上の額について損害の賠償を行わなければならない。その他、甲は乙と十分協議し、適切な善後策を講じる。甲及び乙の双方の責に帰すべき事由がある場合は、甲及び乙それぞれの責に帰すべき部分の割合についても十分に考慮する。 (4)　甲は、派遣契約期間の満了前に契約解除を行おうとする場合であって、乙から請求があったときは、契約解除の理由を明らかにしなければならない。
派遣先が派遣労働者を雇用する場合の紛争防止措置	(1)　労働者派遣の役務の提供の終了後、当該派遣労働者を甲が雇用する場合には、予め相当の猶予期間をもって乙に申し出ること。 (2)　(1)の場合、甲は乙に対し、別途定められた紹介手

	数料を支払う。[3]
派遣労働者を無期雇用派遣労働者又は60歳以上の者に限定するか否かの区別	無期雇用派遣労働者、60歳以上の者に限定しない。
派遣労働者を協定対象派遣労働者に限定するか否かの別	協定対象派遣労働者に限定する。

※2　労働者派遣法26条1項において、労働者派遣契約で定めるべきとされている事項は下記のとおりである。

① 派遣労働者が従事する業務の内容（同項1号）

② 派遣労働者が労働者派遣にかかる労働に従事する事業所の名称および所在地その他派遣就業の場所並びに組織単位（同項2号）

③ 労働者派遣の役務の提供を受ける者のために、就業中の派遣労働者を直接指揮命令する者に関する事項（同項3号）

④ 労働者派遣の期間および派遣就業をする日（同項4号）

⑤ 派遣就業の開始および終了の時刻並びに休憩時間（同項5号）

⑥ 安全および衛生に関する事項（同項6号）

⑦ 派遣労働者から苦情の申出を受けた場合における当該申出を受けた苦情の処理に関する事項（同項7号）

⑧ 派遣労働者の新たな就業の機会の確保、派遣労働者に対する休業手当等の支払いに要する費用を確保するための当該費用の負担に関する措置その他労働者派遣契約の解除にあたって講ずる派遣労働者の雇用の安定を図るために必要な措置に関する事項（同項8号）

⑨ 労働者派遣契約が紹介予定派遣にかかるものである場合にあっては、当該職業紹介により従事すべき業務の内容および労働条件その他の当該紹介予定派遣に関する事項（同項9号）

⑩ 派遣労働者が従事する業務に伴う責任の程度（同項10号、同施行規則22条1号）

⑪ 派遣元責任者および派遣先責任者に関する事項（同項10号、同施行規則22条2号）

⑫　休日労働をさせる日または時間外労働時間数（同項10号、同施行規則22条
　3号）

⑬　派遣労働者の福祉の増進のための便宜の供与の内容および方法（同項10号、
　同施行規則22条4号）

⑭　労働者派遣の終了後に労働者派遣契約の当事者間の紛争を防止するために
　講ずる措置（同項10号、同施行規則22条5号）

⑮　派遣労働者を協定対象派遣労働者に限るか否かの別（同項10号、同施行規
　則22条6号）

⑯　派遣労働者を無期雇用派遣労働者（労派遣30条の2第1項）または60歳以
　上の者（同施行規則32条の4）に限るかどうかの別（同法26条1項10号、同
　施行規則22条7号）

※3　派遣元事業主（労派遣5条1項）が、職業安定法その他の法律の規定による
　　許可を受けて、または届出をして職業紹介を業務として行い得ることが前提で
　　ある。

Ⅳ　運送契約の場合

1　運送契約

　「運送人」とは、陸上運送（陸上における物品または旅客の運送）、海上運送
（船舶（商684条。商747条に規定する非航海船を含む））による物品または旅客の
運送、航空運送（航空機（航空法2条1項）による物品または旅客の運送）の引受
けをすることを業とする者をいう（商569条）。

　物品運送契約は、委託者である荷送人と受託者である運送人との間で締結さ
れる諾成・不要式の契約である。荷送人と運送人の間で物品運送契約を反復継
続して行う場合においても、個別の運送契約の成立の条件や成立時期に関する
事項を取引基本契約において定めておくべきことは他の契約類型と同様である。

2　物品運送契約の文例

(1)　契約の成立の原則に忠実な文例
甲：荷送人　乙：運送人

（個別契約）

第○条　個別の運送契約は、本契約に従い、甲から荷物の種類（品名）、数量、荷物の受取り及び引渡し場所、日時、荷受人及び運送方法等を指定して、書面又はファクシミリ等の適切な伝達方法で、乙に委託し、乙がこれを受託することにより成立する。

---

(2)　個別契約の迅速な成立に配慮した文例
甲：荷送人　乙：運送人

（個別契約）

第○条　甲は、乙に対して委託する本件業務に関しては、業務内容、範囲、方法、条件、仕様等（以下、「諸条件」という。）を発注書又は依頼書等（以下、「発注書等」という。）に記載して通知（ファクシミリ、電子メールによる送付を含む。）するものとする。

　　2　乙は諸条件につき不明な点がある場合には、速やかに甲に確認したうえで、本件業務に着手するものとする。なお、乙が本件業務の諸条件について速やかに異議を申し立てない場合、当該諸条件で本件業務の委受託に関する甲乙間の合意（以下、「個別契約」という。）が成立したものとみなす。

※1　運送人が、荷受人作成の発注書等を受領した後、速やかに異議を申し立てない場合は個別契約が成立したものとみなすことにより、個別契約の成立の迅速化を図った。

⑶　**電子メール等の通知により個別契約が成立するとした文例**
甲：荷送人　乙：運送人

（個別契約）

第○条　甲乙間の個別の運送契約は、甲が所定の事項を記載した発注書又
　　　　は依頼書等（以下、「発注書等」という。）を乙に交付することにより
　　　　成立し、乙は誠実にこれを履行しなければならない。

　　2　甲乙協議のうえ、甲は、所定の事項を記録した USB メモリ等の
　　　　磁気記録媒体を乙に交付し、又は所定の事項についてファックス、
　　　　電子メールその他これらに準ずる方法により通信回線を通じて乙に
　　　　通知することをもって、前項の発注書等の交付に代えることができ
　　　　る。

　　3　前2項の規定にかかわらず、乙が甲からの発注内容について履行
　　　　できないと判断したときは、乙は甲に対し速やかにその旨を通知す
　　　　るとともに、甲の指示を求めなければならない。

※2　発注書等の書面に代えて磁気記録媒体の交付や電子メール等による通知によ
　　り荷受人が運送人に発注できることを定めた場合の文例である。

※3　運送人による個別契約の引受拒絶の余地を認める文例である。

⑷　**運送人の引受拒絶に関する具体的な文例**

道路運送法13条を反映した、国土交通省が公表している標準貨物自動車運送
約款に則って作成した文例である。

　　甲：荷送人　乙：運送人

（引き受ける貨物の種類及び性質の確認）

第○条　乙は、甲から貨物の運送の申込みがあったときは、その貨物の種
　　　　類及び性質を通知することを甲に求めることができる。

　　2　乙は、前項の場合において、貨物の種類及び性質につき申込者が
　　　　通知したことに疑いがあるときは、甲の同意を得て、その立会いの
　　　　上で、これを点検することができる。

　　3　乙は、前項の規定により点検をした場合において、貨物の種類及

　　び性質が甲の通知したところと異ならないときは、これにより生じ
　　た甲の損害を賠償する。

　4　乙が、第 2 項の規定により点検した場合において、貨物の種類及
　　び性質が申込者の通知したところと異なるときは、甲に対し、点検
　　に要した費用を請求することができる。

（引受拒絶）

第○条　乙は、次の各号の一に該当する場合には、運送の引受けを拒絶す
　　ることができる。

　一　当該運送の申込みが、この運送約款によらないものがあるとき

　二　申込者が、前条第 1 項の規定による通知をせず、又は同条第 2 項
　　の規定による点検の同意を与えないとき

　三　当該運送に適する設備がないとき

　四　当該運送に関し、申込者から特別の負担を求められたとき

　五　当該運送が、法令の規定又は公の秩序若しくは善良の風俗に反す
　　るものであるとき

　六　天災その他やむを得ない事由があるとき

Ⅴ　業務委託契約（製造委託等）の場合

1　業務委託契約

　業務委託契約は、事業者が行う業務を第三者に委託する契約である。委託の
内容が事務の処理を目的とする場合には委任（または準委任）契約としての性
格を有するのに対し、物品の製造や情報成果物（プログラム、映画・番組等のコ
ンテンツ、設計図、ポスターのデザイン等）の作成等を目的とする場合には、請
負契約としての性格を有する場合が多い。

2　下請法との関係

　業務委託契約を反復継続して行う場合、取引基本契約を作成し個別契約の成立条件や成立時期等について定めておくべきことは他の契約類型と同様であるが、加えて、下請法との関係にも留意する必要がある。

　下請法のポイントは以下のとおりである。

① 　下請法は、下請取引における親事業者の優越的地位の濫用行為を規制するために制定されたものである。

② 　下請法で適用対象となる取引は(a)製造委託（下請法２条１項）、(b)修理委託（同条２項）、(c)情報成果物作成委託（同条３項・６項）、(d)役務提供委託（同条４項）の４類型である（以下、「製造委託等」という）。

③ 　さらに、下請法の適用対象となるのは、「親事業者」（下請法２条７項）が「下請事業者」（同条８項）に対し前項の(a)〜(d)の各取引（製造委託等）をした場合である。「親事業者」および「下請事業者」の要件は、取引類型ごとに親事業者と下請事業者の資本金の額により、適用対象となるかどうかが決まる（同条７項・８項参照）。

④ 　下請法上の下請事業者と契約する場合、代金の支払時期に留意する必要があるほか（下請法２条の２、４条の２参照）、製造委託等をした場合は、直ちに下記の事項を記載した書面を交付しなければならない（同法３条、下請代金支払遅延等防止法第３条の書面の記載事項等に関する規則１条）。

(i) 　親事業者および下請事業者の商号、名称または事業者別に付された番号、記号その他の符号であって親事業者および下請事業者を識別できるもの

(ii) 　製造委託等をした日

(iii) 　下請事業者の給付（役務提供委託の場合は、提供される役務。以下、同じ）の内容

(iv) 　下請事業者の給付を受領する場所

(v) 　下請事業者の給付を受領する期日（役務提供委託の場合は、下請事業者が委託を受けた役務を提供する期日（期間を定めて提供を委託するものにあっては、当該期間））

(vi) 　下請事業者の給付の内容について検査をする場合は、その検査を完了

する期日

(vii)　下請代金の金額

(viii)　下請代金の支払期日

(ix)　手形を交付する場合は、手形の金額および手形の満期

(x)　一括決済方式で支払う場合には、金融機関名、貸付けまたは支払可能額、親事業者が下請代金債権相当額または下請代金債務相当額を金融機関へ支払う期日

(xi)　電子記録債権で支払う場合には、電子記録債権の額および電子記録債権の満期日

(xii)　原材料等を有償支給する場合は、品名、数量、対価、引渡しの期日、決済期日および決済方法

3　業務委託契約書の文例

⑴　個別契約の成立につき定めた文例

甲：委託者　乙：受託者

（個別契約）

第○条　個別契約は、甲が本契約所定の事項を記載した注文書を乙に交付し、乙が甲に請書を交付したときに成立する。ただし、乙が甲から注文書を受領後7日以内に何らの異議を申し述べない場合、乙は甲の申込みを承諾したものとみなす。

⑵　下請法の適用がある場合の文例

下請法3条書面により委託者が発注を行うことを前提とした文例である。

甲：委託者　乙：受託者

（個別契約）

第○条　個別契約は、甲が本契約所定の事項を記載した注文書を乙に交付し、乙が甲に請書を交付したときに成立する。ただし、乙が甲から注文書を受領後7日以内に何らの異議を申し述べない場合、乙は甲

の申込みを承諾したものとみなす。

（注文書の記載事項）

第○条　甲が乙に本件業務を発注するときは、次に掲げる事項を注文書に
　　　記載し、乙に交付する。

　⑴　甲及び乙の商号（名称）及び発注年月日

　⑵　乙の給付の内容、甲が給付を受領する場所、納期、検収期日、

　⑶　業務委託手数料の金額、支払期日、支払方法

　⑷　甲が本件業務に関し原材料を乙に購入させる場合は、その品名、数
　　　量、対価及び引渡しの期日並びに決済の期日及び方法

《コラム・定型約款》

　今回の民法改正において、定型約款に関する規定が新設された。まず、定型約款自体が定義されている。すなわち、ある特定の者が不特定多数の者を相手方として行う取引であって、その内容の全部または一部が画一的であることがその双方にとって合理的なものを「定型取引」と定義したうえで、定型取引において、契約の内容とすることを目的としてその特定の者により準備された条項を「定型約款」と定義した（改正後民548条の 2 第 1 項）。

　そして、①定型約款を契約の内容とする旨の合意をした場合、または②定型約款を準備した者（定型約款準備者）があらかじめその定型約款を契約の内容とする旨を相手方に表示していた場合には、定型約款の個別の条項についても合意をしたものとみなし、定型約款を利用した契約の成立についての要件を定めている（改正後民548条の 2 第 1 項）。もっとも、定型約款の条項のうち、相手方の権利を制限し、または相手方の義務を加重する条項であって、信義則（民 1 条 2 項）に反して相手方の利益を一方的に害すると認められる条項については、合意をしなかったものとみなしている（改正後民548条の 2 第 2 項）。また、定型約款準備者の定型約款の内容の表示義務についても一定のルールを設けている（改正後民548条の 3 ）。

　加えて、一定の要件を具備することを条件に、相手方の同意を得ることなく一方的に定型約款の条項を変更する余地を認めている（改正後民548条の 4 ）。

　以上のとおり、今回の民法改正の一つとして、定型約款の定義、これを利用した契約の成立要件、定型約款の変更手続に関する規定が改正後民法で新たに設けられたことを押さえておいてほしい。

第2章　納品に関する条項

Ⅰ　チェックポイント

1　納品とは

「納品」とは、契約に基づいて引渡しの対象となる商品や成果物を取引の相手方に納入することをいう。納品に関する条項の要否を検討すべき典型的な契約類型としては、売買契約と請負契約があげられるが、売買契約においては、商品を納入することをいい、請負契約においては、完成させた成果物を納入することをいう。なお、納品という用語は民法上に定められたものではないが、本章では商品や成果物を相手に納入する行為を「納品」と定義しておく。

売買契約においては、商品が引き渡されると買主が危険負担を負う場合もあり、更には約定に従って納品をしなければ債務不履行の問題となる。

他方で請負契約においては、仕事を完成させたうえで納品をして初めて請負代金を請求することができるし、約定に従って納品をしなければ債務不履行責任の問題となる。

このように納品は代金請求の基礎となる行為であるため、契約においては、納品の時期および方法などを明確にしておくことが必要であり、どの時点で納品したと認められるかが重要となってくる。

2　どの時点で納品となるか

⑴　売買契約

売買契約では、売買の目的物を実際に引き渡したときに納品が完了したとされる。目的物の引渡しには、現実の引渡し（民182条1項）のほかに、簡易の引渡し（同条2項）、占有改定（同183条）や指図による引渡し（同184条）による

こともできる。なお、各引渡方法の具体的な内容については後述する。

⑵　請負契約

請負契約では、請負人が完成させた成果物を納入する必要があり（民632条）、未完成のものを実際に引き渡したとしても納品とはいえない。完成した成果物を納入した時点で納品が完了したことになる。

3　費用負担の取決め

納品に関する費用は、原則として、納入する者が負担することになる（民485条）。このため納品を受ける側に費用を負担させる場合には、その旨をあらかじめ定めておく必要がある。また原則どおりに納入する者が負担する場合であっても、無用な争いを避けるためにその旨を定めておくことも一考である。

Ⅱ　売買契約の場合

1　典型的な文例

甲：買主　乙：売主

（納品）

第○条　乙は、甲から発注を受けた本件商品を別紙指定¹の納品場所に約定の期日までに納品しなければならない。

2　乙は、前項の約定の期日までに本件商品の全部又は一部を納品できないとき²は、あらかじめその理由及び納品予定日を甲に申し出るとともに、甲の必要とする措置に協力しなければならない。

3　前2項の納品に要する費用は乙の負担³とする。

※1　別紙には納品場所と納品日を記載する。たとえば次のような記載である。もちろん別紙に記載する必要があるわけではなく、本文に記載しても構わない。

```
（別紙）
　1　商品 A
　　　納品場所：甲の川崎倉庫
　　　納品日：令和 2 年 7 月 1 日
　2　商品 B
　　　納品場所：甲の高崎倉庫
　　　納入日：令和 2 年 7 月 3 日
```

※2　納品ができない、または納品が遅れる場合の乙（納品者）がとるべき手続を
　　　定めた条項である。ただし、この条項によっても債務不履行責任を免れること
　　　ができるというわけではない。この旨を契約書に明記する場合もある。

※3　どちらの費用負担とするかは、当事者で決すればよく、甲の負担としても構
　　　わない。どちらかに定めなければ民法485条の規定によって売主負担となる。

2　継続的な売買基本契約の場合

　商社取引などにおいては、同一の商品を継続的に売買することがよくあるが、
このような場合、まず継続的売買基本契約を締結し、個々の取引については、
取引条件を注文書と請書によって合意するという方法が用いられる。ここでは、
そのような基本契約書における文例をあげておく。

　甲：買主　乙：売主

```
（納品）
第○条　乙は、個別契約の内容に従い[4]、本製品を甲に納品するものとする。
（個別契約）
第○条　個別契約[5]は、甲が乙に対して発注書を送付し、乙がこれに対する
　　　　請書を甲に送付することによって成立する。
```

※4　納品に関する規定では、単に「個別契約の内容に従い」とのみ定める文例で
　　　ある。ここに具体的な納品条件を記載することでももちろん構わない。

※5　個別契約の内容を別途定める文例を参考までにあげておく。ここでは、発注

書と請書によるものをあげたが、個別契約書を作成する方法によることもできる。いずれの方法によるとしても、契約内容を明確にするためにも書面によるべきである。

3　納入日と引渡場所の変更ができる旨の定め

納品を行うべき者が納入日と引渡場所を遵守しなかった場合には、債務不履行となるが、これを避けるために、あらかじめこれらを変更する方法を定めておくことができる。以下の文例では、第 2 項の条件に従っておけば債務不履行責任を負うことはない。

(1)　合意による変更

甲：買主　乙：売主

（引渡し）

第○条　乙は、甲に対し、以下のとおりの納入日及び引渡し場所において、本件商品を引渡す。

①　納入日　別紙目録 1　　　令和 2 年 7 月10日

　　　　　　別紙目録 2　　　令和 2 年 8 月10日

　　　　　　別紙目録 3　　　令和 2 年 9 月10日

②　引渡し場所　甲の横浜営業所

2　甲又は乙が納入日又は引渡し場所の変更を申し出た場合、相手方の書面による承諾を得て、新たな納入日又は新たな引渡し場所に変更することができる。ただし変更によって生じた増加費用は、変更を申し出た者が負担する。

※ 6　一方の当事者が納入条件の変更を申し出て、それに対して相手方が承諾をして（合意が成立する）、変更ができるという場合の条項である。あくまでも承諾を要件としており、承諾がない限り条件の変更はできず、したがって当初の条件に従った納品をしない限り債務不履行となる。

　また、変更の内容を明確にするために変更の承諾を書面で行うことにしている。

⑵　**納入者が一方的に変更できる条項**

甲：買主　乙：売主

（引渡し）

第○条　乙は、甲に対し、以下のとおりの納入日及び引渡し場所において、
　　　　本件商品を引渡す。
　　　　①　納入日　別紙目録1　　　令和2年7月10日
　　　　　　　　　　別紙目録2　　　令和2年8月10日
　　　　　　　　　　別紙目録3　　　令和2年9月10日
　　　　②　引渡し場所　甲の横浜営業所
　　2　乙が納入日又は引渡し場所の<u>変更を書面で申し出た場合</u>[7]、乙は、
　　　　新たな納入日又は新たな引渡し場所において本件商品を引き渡す。
　　　　ただし変更によって生じた増加費用は、乙が負担する。

※7　納入日や引渡し場所の変更を書面で申し出るだけで納入日と引渡し場所を変
　　更できることになる。そのため納入者側に一方的な有利な内容となっているこ
　　とに注意すべきである。

4　代金と引き換えでの納品を定めたもの

甲：買主　乙：売主

（納品・代金の支払い）

第○条　乙は、甲に対し、令和2年8月15日に本件商品を甲の渋谷営業所
　　　　において納品し、甲は第○条に定める<u>売買代金の支払いと引き換え</u>[8]
　　　　にこれを受領する。

※8　ここでは、代金と引換えで納品することを定めている。

5　占有改定による引渡し（甲：買主、乙：売主）

　占有改定（民183条）とは、動産を実際に占有している乙が甲に動産を譲渡
する場合に乙が今後は甲のために占有すると相手に意思表示をすることによっ

て甲に占有を観念的に移転させることである。占有改定による場合には、自分が占有している物について、それ以降は相手のために占有するという意思を表示すればよく、物自体は自分の手元に残りながら相手が占有者となる。動産や集合動産などを担保（譲渡担保）とする場合に用いられることが多い。

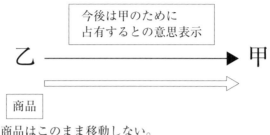

商品はこのまま移動しない。

（引渡し）

第○条　乙は、甲に対し、本契約締結と同時に<u>占有改定の方法</u>[9]により、乙の横浜倉庫内において管理している本件商品全部を引き渡し、甲はその引渡しを受けた。

※ 9　「占有改定の方法」によることを明示している。

6　指図による占有移転による引渡し（甲：買主、乙：売主、丙：動産の占有者）

　指図による占有移転（民184条）とは、乙の動産を丙が占有しているとき（たとえば倉庫業者に預託して保管している場合など）に、乙が丙に対して今後甲のために占有することを指図し、甲がこれを承諾することによって甲に占有を移転させることである。倉庫業者等が商品を保管している場合に、それを現実に移転させることなく引渡しを行う方法である。ここで承諾をするのは引渡しを受ける甲であり、対象動産を占有している丙ではないことに注意すべきである。

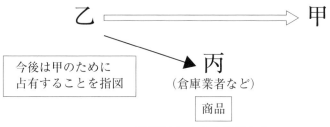

今後は甲のために
占有することを指図

丙
（倉庫業者など）

商品

商品はこのまま移動しない。

（引渡し）

第○条　乙は、丙に対し、令和3年10月1日まで丙が保管中の本件競走馬1頭を<u>今後は甲のために占有すること</u>[10]を、<u>書面をもって</u>[11]指図し、<u>甲はこれを承諾</u>[12]した。

※10　「指図による占有移転」によることを明示している。

※11　ここでの指図を確実に行い、将来の紛争を予防するためにも書面をもって指図を行うことが好ましい。

※12　指図による占有移転の場合、甲（引渡しを受ける者）が承諾する必要がある。丙（占有者）による承諾ではないことに注意を要する。

Ⅲ　請負契約の場合

　「請負契約」とは、当事者の一方がある仕事を完成することを約し、相手方がその仕事の結果に対してその報酬を支払うことを約することによってその効力が生ずる契約である（民632条）。請負契約では、仕事が完成しかつ目的物の引渡しと同時に請負報酬の支払いが認められるため（同633条）、契約上、引渡しの時期を明確にしておくことが必要である。

1　建設工事の場合

　建設工事には通常請負契約が用いられる。この場合、おおむね、完成→検査
→支払いという流れになるため、その流れに従った文例を以下にあげる。なお
建設工事においては、建設業法が法律自体に請負契約の適正化のための規定
（建築業法第3章「建設工事の請負契約」）をおくとともに、中央建設業審議会が
当事者間の具体的な権利義務の内容を定める標準請負契約約款を作成し、その
実施を当事者に勧告することとしている。そのため一般的な建設工事において
は、この標準請負契約約款に従った契約書が作成されることが多く見受けられ
る。

(1)　簡易な建設工事の場合の条項

甲：発注者　乙：受注者

（検査及び引渡し）

第○条　受注者は、本件工事が完成したときは、その旨を<u>書面をもって</u>[1]甲
　　　に通知する。

　2　発注者は、前項の通知を受けたときは、遅滞なく受注者の立ち合
　　　いの下で本件工事の完成を確認するための検査を行い、速やかにそ
　　　の検査結果を乙に通知する。

　3　発注者が前項の検査によって工事の完成を確認した後、受注者は
　　　遅滞なく目的物を引渡し、発注者はその引渡しを受ける。

※1　将来の紛争の予防の趣旨から書面による通知としている。

(2)　公共工事標準請負契約約款によるもの

（検査及び引渡し）

第○条　受注者は、工事を完成したときは、その旨を発注者に通知しなけ
　　　ればならない。

　2　発注者は、前項の規定による通知を受けたときは、通知を受けた
　　　日から<u>14日以内</u>[2]に受注者の立会いの上、設計図書に定めるところに

より、工事の完成を確認するための検査を完了し、当該検査の結果を受注者に通知しなければならない。この場合において、発注者は、必要があると認められるときは、その理由を受注者に通知して、工事目的物を最小限度破壊して検査することができる。

3　前項の場合において、検査又は復旧に直接要する費用は、受注者の負担とする。

4　発注者は、第2項の検査によって工事の完成を確認した後、受注者が工事目的物の引渡しを申し出たときは、直ちに当該工事目的物の引渡しを受けなければならない。

5　発注者は、受注者が前項の申出を行わないときは、当該工事目的物の引渡しを請負代金の支払いの完了と同時に行うことを請求することができる。この場合においては、受注者は、当該請求に直ちに応じなければならない。

6　受注者は、工事が第2項の検査に合格しないときは、直ちに修補して発注者の検査を受けなければならない。この場合においては、修補の完了を工事の完成とみなして前各項の規定を適用する。

※2　検査期間を14日以内と明確にしている。

(3)　民間工事請負契約約款によるもの（条数は標準請負契約約款を使用）

（完成及び検査）

第23条　受注者は、工事を完了したときは、設計図書のとおりに実施されていることを確認して、発注者に対し、検査（発注者が立会いを監理者に委託した場合は、監理者立会いのもとに行う検査）を求める。

2　検査に合格しないときは、受注者は、工期内又は発注者（発注者がこの項の業務を監理者に委託した場合は、監理者）の指定する期間内に、修補し、又は改造して発注者に対し、検査（発注者が立会いを監理者に委託した場合は、監理者立会いのもとに行う検査）を求める。

3　受注者は、工期内又は設計図書の指定する期間内に、仮設物の取払い、後片付け等の処置を行う。ただし、処置の方法について発注

者（発注者がこの項の業務を監理者に委託した場合は、監理者）の指示
があるときは、当該指示に従って処置する。

4　前項の処置が遅れている場合において、催告しても正当な理由が
なくなお行われないときは、発注者（発注者がこの項の業務を監理者
に委託した場合は、監理者）は、代わってこれを行い、その費用を受
注者に請求することができる。

（法定検査）

第24条　前条の規定にかかわらず、受注者は、法定検査（建築基準法（昭
和25年法律第201号）第 7 条から第 7 条の 4 までに規定する検査その他設
計図書に定める法令上必要とされる関係機関による検査のうち、発注者
が申請者となっているものをいう。以下同じ。）に先立つ適切な時期に、
工事の内容が設計図書のとおりに実施されていることを確認して、
発注者に対し、検査（発注者が立会いを監理者に委託した場合は、監
理者立会いのもとに行う検査）を求める。

2　前項の検査に合格しないときは、受注者は、工期内又は発注者
（発注者がこの項の業務を監理者に委託した場合は、監理者）の指定す
る期間内に、修補し、又は改造して発注者に対し、検査（発注者が
立会いを監理者に委託した場合は、監理者立会いのもとに行う検査）を
求める。

3　発注者は、受注者及び監理者立会いのもと、法定検査を受ける。
この場合において、受注者は、必要な協力をする。

4　法定検査に合格しないときは、受注者は、修補、改造その他必要
な処置を行い、その後については、前 3 項の規定を準用する。

5　第 2 項及び前項の規定にかかわらず、所定の検査に合格しなかっ
た原因が受注者の責めに帰すことのできない事由によるときは、必
要な処置内容につき、発注者及び受注者が協議して定める。

6　受注者は、発注者に対し、前項の協議で定められた処置の内容に
応じて、その理由を明示して必要と認められる工期の延長又は請負
代金額の変更を求めることができる。

（その他の検査）

28

第25条　受注者は、前２条に定めるほか、設計図書に発注者又は監理者の
　　　　検査を受けることが定められているときは、当該検査に先立って、
　　　　工事の内容が設計図書のとおりに実施されていることを確認して、
　　　　発注者又は監理者に通知し、発注者等は、速やかに受注者の立会い
　　　　のもとに検査を行う。

　　２　前項の検査に合格しないときは、受注者は、速やかに修補し、又
　　　　は改造し、発注者等の検査を受ける。

（請求及び支払い）

第28条　第23条第１項又は第２項の検査に合格したときは、契約書に別段
　　　　の定めのある場合を除き、受注者は、発注者にこの契約の目的物を
　　　　引き渡し、同時に、発注者は、受注者に請負代金の支払いを完了する。

　　２　受注者は、契約書に定めるところにより、工事の完成前に部分払
　　　　を請求することができる。この場合、出来高払によるときは、受注
　　　　者の請求額は契約書に別段の定めのある場合を除き、発注者等の検
　　　　査に合格した工事の出来形部分並びに検査済の工事材料及び建築設
　　　　備の機器に対する請負代金相当額の10分の９に相当する額とする。

　　３　受注者が前項の出来高払の支払いを求めるときは、その額につい
　　　　て監理者の審査を経た上、支払請求締切日までに発注者に請求する。

　　４　前払を受けているときは、第２項の出来高払の請求額は、次の式
　　　　によって算出する。

　　　　請求額 ≒ 第２項による金額 × [（請負代金額 − 前払金額）／
　　　　請負代金額]

　　５　発注者が第１項の引渡しを受けることを拒み、又は引渡しを受け
　　　　ることができない場合において、受注者は、引渡しを申し出たとき
　　　　からその引渡しをするまで、自己の財産に対するのと同一の注意を
　　　　もって、その物を保存すれば足りる。

　　６　前項の場合において、受注者が自己の財産に対するのと同一の注
　　　　意をもって管理したにもかかわらずこの契約の目的物に生じた損害
　　　　及び受注者が管理のために特に要した費用は、発注者の負担とする。

2　システム開発の場合

　システム開発においては、準委任契約または請負契約が締結されるが、企画段階や要件定義段階では準委任契約が用いられるとしても、外部設計や内部設計の段階では請負契約が選択されることも多い。ここでは、これらに請負契約が選択された場合の納品についての条項をあげておく。なお、システム開発においては、経済産業省が示す「情報システム・モデル取引・契約書」があり、これが多く活用されているため、ここでは、このモデル契約書に従ったものとしている。

⑴　外部設計書
甲：発注者　乙：受注者

（外部設計書の納入）

第○条　乙は個別契約に定める期日までに、外部設計書及び外部設計書検
　　　　収依頼書（兼納品書）を甲に納入する。

⑵　ソフトウェア開発業務
甲：発注者　乙：受注者

（納入物の納入）

第○条　乙は甲に対し、個別契約で定める期日までに、個別契約所定の納
　　　　入物を検収依頼書（兼納品書）とともに納入する。

　2　甲は、納入があった場合、次条の検査仕様書に基づき、第○条
　　　（本件ソフトウェアの検収）の定めに従い検査を行う。

　3　乙は、納入物の納入に際し、甲に対して必要な協力を要請できる
　　　ものとし、甲は乙から協力を要請された場合には、すみやかにこれ
　　　に応じるものとする。

　4　納入物の滅失、毀損等の危険負担は、納入前については乙が、納
　　　入後については甲が、それぞれこれを負担するものとする。

Ⅳ　製作物供給契約の場合

　「製作物供給契約」とは、当事者の一方が、相手方の注文に応じて、もっぱら、または主として自ら用意した材料を用いて製作した物を供給し、相手方がこれに対して報酬を支払う契約をいう。製作物供給契約は、請負と売買の中間的な場合があり、一種の混合契約である。基本的には、製作物の供給段階（納品段階）においては、売買の規定が適用されるものと理解してよい。

1　典型的な場合

甲：発注者　乙：受注者

（納入）

第○条　乙は、甲から委託を受けて製作した本件製品を甲の注文書に記載する納品場所に約定の期日までに納入する。

※1　ここでは注文書に従って納入することとした文例をあげている。

2　継続的に供給する場合

甲：発注者　乙：受注者

（納品）

第○条　乙は、甲に対し、毎月末日までに、甲から委託を受けて製造する製品を毎月200台ずつ、甲の○○営業所に納入する。

《コラム・電子納品》

　比較的近時の問題として、電子納品というものがある。「電子納品」とは、調査、設計、工事などの各業務段階の最終成果を電子成果品として納品することをいう。そして、ここでいう「電子成果品」とは、工事または業務の共通仕様書等において規定される資料のうち、各電子納品に関する要領に基づいて作成した電子データを指す。電子納品は、公共事業の各事業段階で利用している資料を電子化し、共有・再利用することで、事業執行の効率化、品質の向上、ペーパーレス化などを図ろうとするもので、国土交通省が発注する公共事業は、2004年度からすべての事業で対象とされるなど、公共事業においては電子納品が行われることが多い。電子納品で提出する図面はファイル形式が決められており、ガイドラインに従った納品方法が求められているので、ガイドラインや利用マニュアルなどを十分に検討する必要がある。

第3章 検収に関する条項

Ⅰ チェックポイント

1 検収とは

「検収」とは、引渡しを受けた目的物が契約の条件に合致しているか否かを検査した後、その検査に合格したものを受け入れることをいう。売買契約であれば、受領した商品を検査してこれを受け入れることであり、システム開発契約であれば、納品されたシステムが仕様に合致しているか否かを検査して受け入れることである。

商人間の売買においては、買主は、その売買の目的物を受領したときは、遅滞なく、その物を検査しなければならず（商526条1項）、買主が目的物の種類、品質または数量について契約に適合しないことを発見したときには、直ちに売主に対してその旨の通知をしなければ、その不適合を理由とする請求等をすることができないとされているが（同条2項）、これらの規定はいずれも任意規定であり、契約で検収等について定めることによって、これとは別の定めをすることができる。

2 検収までの一般的な流れ

たとえば商品を納入する場合に、検収までの一連の流れはおおむね次のようなものとなる。

① 商品を注文する（注文書）
② 商品を受注する（請書）
③ 商品を納入する（納品書）
④ 商品を検査する

⑤　検査合格を連絡し、受け入れる（検収書）

すなわち検収は、納品された商品が契約内容に合致したものであることを確認し、これを認めたうえで受け入れることであるから、検収によって、契約上の引渡しが完了し、一般的には、代金支払義務が発生することになる。他方で、検収によって、履行遅滞などの債務不履行の問題はなくなるといってよい。さらに通常は、検収によって所有権移転や危険負担の移転とする場合も多い。

このように検収には、法的にも重要な意味があることから、その内容を具体的にどのように定めておくのかが重要となってくる。

3　みなし検収

たとえば、売主が商品を納入したにもかかわらず、買主が検収をしないまま放置された場合、検収が代金の支払条件とされていると、代金の請求もできないという問題が生じてくる。このような不都合を避けるために、一定期間検収結果を連絡しない場合には、検査に合格したものとみなす規定を設けることがある（いわゆる「みなし検収」規定）。もっとも、みなし検収が認められる期間を短くしすぎてしまうと、必要な検査を実施することができないという事態も生じかねないので、期間の設定については検収の具体的内容を踏まえたうえで慎重に検討すべきである。

Ⅱ　売買契約の場合

1　典型的な文例

甲：買主　乙：売主

（検品）
第○条　甲は、乙から納品を受けた本件商品について、その受領後３日以内に数量及び品質を検査する。
　　2　前項の検査において本件商品に数量不足又は品質不良があったと

きは、甲は乙に対して、直ちにその旨を通知しなければならない。

　　3　乙は、甲から前項の通知をされた場合、直ちに乙の費用をもって
　　追加の納品若しくは代替品の納品をしなければならない。

　　4　納品後3日以内に甲から第2項の通知がなされないときは、検査
　　に合格したものとみなす。

※1　検収のための期間をどの程度設けるかは、商品の内容や数量などに応じて考
　えることになる。なお、「3営業日以内」というように、営業日を基準とする場
　合もある。
※2　いわゆる「みなし検収」の規定である。

2　納入と検収を一つにした文例

甲：買主　乙：売主

（納入・検査及び引渡し）

第○条　乙は、目的物を甲に納入するに当たっては、納品書を添付し、指
　　定された納期までに、指定された場所に納入する。

　　2　甲は、乙の納入した目的物の数量を納品書と照合の上、乙に受入
　　れを証する受領書を交付する。

　　3　甲は、受け入れた目的物を、あらかじめ甲乙間で定められた検査
　　方法により速やかに受入検査を行い、合否を判定の上、書面をもっ
　　て乙に通知する。

　　4　前項の検査に合格したときは、その時点で目的物の引渡しがあっ
　　たものとする。

　　5　納入後7日以内に甲から第3項の通知がないときには、検査に合
　　格したものとみなす。

3　検査と不合格品の取扱いを別の条項に定めた文例

甲：買主　乙：売主

（検査）

第○条　甲は、第○条の方法によって本件商品を受領したときは、受領後
　　　　5 日以内に本件商品の検査をしなければならない。

（不合格品の取扱い）

第○条　前条の検査において、本件商品に不良品又は数量不足があったと
　　　　きは、甲は乙に対して、直ちにその旨を通知しなければならない。

　　2　前項の場合、乙は、その不良品を直ちに回収し、代替品又は不足
　　　　分の本件商品を直ちに第○条記載の納入場所に納入しなければなら
　　　　ない。

4　特別採用を認める場合

　受入検査において不合格とされた場合であっても、不合格とされた理由や事
象が軽微なものである場合に、受け入れる側が特別に一定の条件で、これを合
格として取り扱う場合がある（いわゆる「特別採用」）。ここでは、その特別採
用を認める場合の条項をあげておく。

甲：買主　乙：売主

（受入検査）

第○条　甲は、乙が目的物を納入する際、甲が定める手続により受入検査
　　　　を行い、合格したもののみを受け入れる。

　　2　甲の受入検査の結果、数量の過不足または不合格品を発見した場
　　　　合、直ちに乙にその旨を通知し、乙は、甲の通知を受けた日から 7
　　　　営業日以内に、自己の負担において過剰分の引き取り、不足分の納
　　　　入、不合格品の引き取りと代品納入を行わなければならない。

　　3　甲は、受入検査の結果、不合格品になった目的物について、その

36

> 不合格の事由が軽微なものであり、かつ甲の工夫において使用可能
> であると認められる場合は、乙と協議の上、価格を決定しこれを引
> き取ることができる。

5　受入検査を省略できる場合についての文例

甲：買主　乙：売主

（検収）

第○条　甲は、乙から納品を受けた本件商品について、その受領後7日以
　　　　内に数量及び品質を検査する。

　2　前項の定めにかかわらず、当事者間であらかじめ受入検査を省略
　　　することに合意した場合は、甲は、乙が納入した商品を直ちに受領
　　　し、これをもって検収とみなす。

　3　第1項の検査において本件商品に数量不足又は品質不良があった
　　　ときは、甲は乙に対して、直ちにその旨を通知しなければならない。

　4　乙は、甲から前項の通知をされた場合、直ちに乙の費用をもって
　　　追加の納品若しくは代替品の納品をしなければならない。

Ⅲ　システム開発契約

　システム開発においては、準委任契約または請負契約が締結されるが、企画
段階や要件定義段階では準委任契約が用いられるとしても、外部設計や内部設
計の段階では請負契約が選択されることも多い。ここでは、これらに請負契約
が選択された場合の納品についての条項をあげておく。なお、システム開発に
おいては、経済産業省が示す「情報システム・モデル取引・契約書」があり、
これが多く活用されているため、ここでは、このモデル契約書に従ったものと
している。なお、納入についての文例は第2章（30頁）を参照していただきた

い。

(1) 外部設計書

甲：発注者　乙：受注者

（外部設計書の承認及び確定）

第○条　甲は、個別契約において定める期間（以下「外部設計書の点検期間」という。）内に外部設計書が、第○条の規定により確定された要件定義書並びに第○条所定の外部設計検討会での決定事項に適合するか、及び論理的誤りがないか点検を行うものとし、適合すること及び論理的な誤りがないことを承認した証として甲乙双方の責任者が外部設計書承認書に記名押印するものとする。但し、点検の結果、外部設計書が、第○条の規定により確定された要件定義書及び外部設計検討会での決定事項に適合しない部分又は論理的誤りが発見された場合、乙は、協議の上定めた期限内に修正版を作成して甲に提示し、甲は再度上記点検、承認手続を行うものとする。

2　外部設計書の点検期間内に甲が書面で具体的な理由を明示して異議を述べない場合には、甲は外部設計書の点検期間の満了をもって、外部設計書を承認したものとみなされる。

3　前2項による甲の承認をもって、外部設計書は確定したものとする。

---

(2) ソフトウェア開発業務

甲：発注者　乙：受注者

（検査仕様書の作成及び承認）

第○条　甲は、乙と協議の上、システム仕様書に基づき前条の納入物の検査の基準となるテスト項目、テストデータ、テスト方法及びテスト期間等を定めた検査仕様書を作成し、乙に提出するものとし、乙の責任者はシステム仕様書に適合するかの点検を行い、適合することを承認する場合、検査仕様書に記名押印の上、甲に交付して承認す

るものとする。但し、点検の結果、検査仕様書にシステム仕様書に適合しない部分が発見された場合、甲は、協議の上定めた期限内に修正版を作成して乙に提示するものとし、乙は再度上記点検、承認手続を行うものとする。

2 　乙の責任者は、個別契約で定める期間（以下「検査仕様書点検期間」という。）内に検査仕様書の点検を終えるものとし、乙の責任者が、検査仕様書点検期間内に書面による具体的な理由を明示した異議の申出をすることなく検査仕様書を承認しない場合、当該期間の満了をもって検査仕様書は承認されたものとする。

3 　甲は、甲が行う検査仕様書の作成についての支援（以下「検査仕様書作成支援業務」という。）を乙に委託する必要がある場合、第○条に定めるソフトウェア開発業務に関する個別契約を締結するときまでに、乙に検査仕様書作成支援業務の委託に関する申し込みを乙に行い、検査仕様書作成支援業務に関する個別契約を別途締結することができる。

4 　乙による検査仕様書作成支援業務については、外部設計書作成支援業務に関する第○章第○節の規定を準用するものとする。但し、「外部設計検討会」を「連絡協議会」に、「要件定義書及び外部設計検討会での決定事項」を「システム仕様書」に読み替える。

Ⅳ 　製作物供給契約の場合

　製作物供給契約とは、当事者の一方が、相手方の注文に応じて、もっぱらまたは主として自ら用意した材料を用いて製作した物を供給し、相手方がこれに対して報酬を支払う契約をいう。製作物供給契約は、請負と売買の中間的な場合があり、一種の混合契約である。基本的には、製作物の供給段階（納品段階）においては、売買の規定が適用されるものと理解してよい。なお、納入についての文例は第2章（31頁）を参照していただきたい。

1　典型的な場合

甲：発注者　乙：受注者

（検査）

第○条　甲は、本件製品が納入されたときは、5 日以内に数量、仕様[1]及び
　　　　品質等の検査を行い、その結果を乙に通知する。

　　2　前項の検査に合格した本件製品については、引渡しが完了したも
　　　　のとして、その所有権は甲に移転する。

　　3　乙は、甲から数量不足又は不合格品がある旨の通知を受けたとき
　　　　は、直ちに不合格品を引き取り、又は不足分を納入しなければなら
　　　　ない。

※1　製作物供給契約は、すでにある商品とは異なり、注文者の注文に応じて製品
　　　を製造するものであるから、あらかじめ定められた「仕様」によるものである
　　　ことが必要となる。そのため検査の対象も「仕様」に応じたものか否かという
　　　点が重要である。

2　検査方法を詳細に指定する場合

甲：発注者　乙：受注者

（検査及び試験）

第○条　乙は、本件製品について、甲の指定する仕様[2]を充たしていること
　　　　を明らかにするための検査及び試験を実施する。

　　2　前項の検査及び試験は、甲があらかじめ指定した検査試験方法[3]に
　　　　よることとする。

　　3　甲は、第 1 項の検査及び試験を甲が認定した検査員によって実施
　　　　させることができる。

　　4　乙は、本件製品に関して実施した検査及び試験の過程並びに成績
　　　　を記録し、甲が要求するときは速やかに提出しなければならない。

（検査成績書の添付）

> 第○条　乙は、甲が要求するときは、本件製品の納入時に、納入する製品
> 　　　の検査成績書を添付しなければならない。

※2　ここでは、注文者が指定した仕様に従うものとしている。

※3　ここでは、検査および試験の方法について注文者が指定した方法によるもの
　　　としている。「あらかじめ甲乙が合意した検査試験方法」による場合や、2項を
　　　定めずに乙の判断に任せる場合なども考えられる。

《コラム・システムの完成》

　システム開発委託契約においては、多くの場合、検収に合格したと
きに納入物の引渡しが完了したとされ、これにより報酬請求権が発生
することとなる。システムの完成は、報酬請求をするベンダ側が立証
する必要があるが、目に見えないシステムの完成を立証することは容
易ではない。裁判例などでは、予定されていた最後の工程まで完了し
ていた場合には、一応システムは完成したものと判断され、その後は
瑕疵担保責任の問題（旧民法下）として処理されることが多いようで
ある。しかし、システムが完成しているか否かは、実際の裁判におい
ても微妙な判断がされることも多いので、その事案
に応じて、検査方法や検査項目、その検査の合格基
準などをあらかじめ契約の具体的条項に含めておい
たほうがよいであろう。

第 4 章　所有権の移転に関する条項

Ⅰ　チェックポイント

1　所有権の移転時期を定める必要性

　所有権は、物を支配し、所有権者は、その物を使用・収益・処分しうるので（民206条）、契約当事者の一方から他方に、いつの時点で所有権が移転するかは、契約において重要な事項である。また、所有権が移転すれば、通常、その時点から、所有権を取得した者が危険を負担するため、契約の両当事者に責めを帰することのできない危険をいずれに負担させるかを定めるためにも、所有権の移転時期を明確に定める必要がある。さらに、所有権留保・買戻し・再売買の予約など、所有権を利用した債権の物的担保の方法もあり、このような場合も、所有権の移転がいつの時点かが重要な事項となる。

2　所有権の移転時期

(1)　売買契約等

　所有権の移転時期が重要である売買契約においても、民法は、所有権の移転時期を明確に定めておらず、物権の総則において、176条に「物権の設定及び移転は、当事者の意思表示のみによって、その効力を生ずる」と規定するのみであるので、特に、明確な所有権の移転時期を定めなければ、売買契約時に、所有権が移転する。

　しかし、実務では、所有権の移転時期を、引渡しのとき、検収完了のとき、または、対価が支払われたときなど、一定の時点に明確に定めるのが通常である。

　特に、不動産の売買契約では、買主が手付金の支払いをした後、決済日に、

42

売買代金残金の支払いと引換えに不動産の引渡しを受けて、同時に、売主から所有権移転登記手続の必要書類が買主に交付され、この時点で、買主に所有権が移転するのが一般である。

建物の建築工事の請負契約では、建物完成後、引渡し前の建物の所有権が注文者と請負人のいずれに属するかが、危険負担の問題にも関連するため、明確に定める必要がある。大審院の判例では、所有権移時期の特約がない場合、注文者が材料を提供した場合は、原始的に所有権は注文者にあり（大判昭和7・5・9民集11巻824頁）、請負人が材料を提供した場合は、請負人に所有権があり、引渡しによって、注文者に移転する（大判大正3・12・26民録20輯1208頁）と判示されている。

(2)　**所有権の移転を債権の担保に用いる場合**

所有権留保の場合は、対象物の売買代金が完済された時点で、買主に、所有権が移転する。買戻しおよび再売買の予約は、債務の担保として、債務者（売主）が、担保の対象となる物の所有権を債権者（買主）にいったん移転し、債務の完済とともに、再度、債務者に所有権が移転する。

Ⅱ　売買契約の場合

1　典型的な文例

甲：買主　乙：売主

（所有権の移転）
第○条　乙が甲に商品を引き渡したときに、商品の所有権は、乙から甲へ移転するものとする。

2 売主に有利な文例

甲：買主 乙：売主

（所有権の移転）

第○条 甲が乙に売買代金を支払った時点で[1]、商品の所有権は、乙から甲へ移転するものとする。

※1 売主は、売買代金が完済されるまで、対象物の所有権を自己に留保でき、売買代金の支払いの確保ができる。

3 買主に有利な文例

(1) 契約締結時に所有権が移転する文例

甲：買主 乙：売主

（所有権の移転）

第○条 甲と乙が本契約を締結したときに[2]、商品の所有権は、乙から甲に移転するものとする。

※2 買主は、契約締結と同時に、対象物の所有権を取得するため、すばやく転売できるなどのメリットを有する。

(2) 検収完了時に所有権が移転する文例

甲：買主 乙：売主

（所有権の移転）

第○条 乙が、商品を甲に引き渡し、甲の検収が完了したときに[3]、商品の所有権は、乙から甲に移転する。

※3 買主は、検収によって、不良品を排除し、適合品のみの所有権を取得できる。

44

4　折衷的な文例

甲：買主　乙：売主

> （所有権の移転）
>
> 第○条　甲は、乙の商品引渡しと引き換えに、売買代金を支払い、商品の所有権を取得する。
>
> 　　2　甲は、乙から商品の引渡しを受けた後、○日以内に、商品の検収を行い、不適合品が存在した場合は、乙に、その旨通知をし、不適合品の代金の返還を乙に求めることができる。[4]

※4　引渡し時に代金支払いが行われ、所有権が移転するので、売主は、支払いを確保できる一方で、買主は、不適合品については、代金の返還を求めることができる。

Ⅲ　請負契約の場合

1　典型的な文例

甲：注文者　乙：請負人

> （所有権の移転）
>
> 第○条　甲は、乙から完成した目的物の引渡しと受けるのと引き換えに、乙に対して報酬を支払い、目的物の所有権は乙から甲に移転する。[1]

※1　報酬の支払い時期に関しては民法633条と同様の規定である。

2　注文者に有利な文例

甲：注文者　乙：請負人

> （所有権の移転）

> 第○条　甲は、乙から完成した目的物の引渡しを受けた後、直ちに、目的物の受入検査を行い、<u>目的物の検査に適合した場合</u>、報酬を乙に支払い、目的物の所有権を取得する。

※2　注文者には、不良品を排除できメリットがある。

3　請負人に有利な文例

甲：注文者　乙：請負人

> （所有権の移転）
> 第○条　甲が、乙に報酬を支払った時点で、目的物の所有権は、乙から甲に移転する。

（注）　請負人は、報酬を確保するまで、目的物の所有権を自己に留保できる。

Ⅳ　所有権の移転を債権の担保に用いる場合

1　所有権留保

甲：買主　乙：売主

> （所有権の移転）
> 第○条　甲は、乙に対し、商品の売買代金を次のとおり分割して支払う。
> 　　　　　　○年○月から○年○月まで、毎月○日限り、金○円
> 　2　甲が、乙に対して売買代金を完済した時点で、商品の所有権は、乙から甲に移転する。

2　買戻し

甲：買主（債権者）　乙：売主（債務者）

（所有権の移転）

第○条　甲が本件不動産の売買代金を支払った時点で、本件不動産の所有
　　　　権は、乙から甲に移転する。

　　2　乙は、本件契約締結の時から○年間¹、第1項の売買代金を返還し
　　　　て、本件契約を解除し、甲から本件不動産の所有権を取得すること
　　　　ができる。

※1　買戻しの期間は、10年を超えることはできない（民580条1項）。

3　再売買の予約

甲：買主（債権者）　乙：売主（債務者）

（所有権の移転）

第○条　甲が商品の売買代金を支払った時点で、商品の所有権は、乙から
　　　　甲に移転する。

　　2　甲と乙は、商品について、再売買の予約をする。

　　3　乙は、甲に対して第1項の売買代金の返還とともに、第2項の再
　　　　売買の予約権を行使し、商品の所有権を取得することができる²。

※2　再売買の予約の期間は、買戻しのように制限はない。

《コラム・所有権》

　民法学では、「物の売買契約の売主と買主の間では、所有権の移転時期をある一点に画する実益はない。所有権は、徐々に売主から買主に移転していくのである。問題となるのは、所有権がいつ移転するかではなく、目的物が損壊するなどのリスクが生じたときにどう処理するかであって、その際は、所有権の帰属を論じることなく、債務不履行や危険負担の規定で処理すればよい」という内容の有力な学説（鈴木禄弥教授ほか）が、現在でもある。

　ただ、所有とは、「これは、俺のもの」という、人間の原始的な本能であって、所有権の帰属が、あやふやな状態というのは、現実の取引の世界では、受け入れられないらしく、実務では、所有権の移転時期を明確にするのが通常である。

第5章　危険負担に関する条項

Ⅰ　チェックポイント

1　本条項の要否を検討すべき契約類型

(1)　危険負担とは何か

「危険負担」とは、双務契約において、債務者の責めに帰すべき事由によらずに、または、双方いずれの当事者の責めに帰すべき事由によらずに、債務の履行が後発的に（契約成立後に）不能となった場合に、いずれがリスクを負担するか、すなわち、当該債務と対価関係にある債務は、履行拒絶できるのか（債務者主義：債務者がリスクを負担）、履行しなければならないのか（債権者主義：債権者がリスクを負担）という問題である。

双務契約において、代金や報酬の支払債務などの金銭債務が後発的に不能となることは、想定しがたいため、多くの場合は、金銭債務と対価関係にある債

売買契約の場合の危険負担

債権者主義

売主（債務者）　引渡請求権　←✕←　買主（債権者）

売主（債務者）　代金請求権　→　買主（債権者）

引渡しが不能となっても買主は代金を支払わなくてはならない

債務者主義

売主（債務者）　引渡請求権　←✕←　買主（債権者）

売主（債務者）　代金請求権　拒絶　買主（債権者）

引渡しが不能になれば買主は代金の支払いを拒むことができる

務（物の引渡しや、仕事の完成など）が後発的に不能となった場合、債権者は金銭の支払いをしなくてはならないのか、支払いを拒絶できるかという問題を解決する条項が、危険負担条項である。

　端的にいうと、不可抗力により、債務者の債務が履行不能になった場合でも、債権者は金銭の支払いをしなければならないのかという問題を解決する条項である。債権者が金銭の支払いをしなければならない場合を債権者主義、金銭の支払いを履行拒絶することができる場合を債務者主義という。

⑵　危険負担条項の要否

　双務契約において、債務者の責めに帰すべき事由によって債務が履行不可能になった場合は、債務者は債務不履行責任を負い、債務者に損害賠償責任が生じ、また、債権者に解除権が発生する。

　しかし、災害や事故など、債務者の責めに帰すべき事由によらずに、または、双方いずれの当事者の責めに帰すべき事由によらずに、債務が履行不可能になることもある。この場合、一応、民法には当事者のいずれがリスクを負うかという危険負担についての規定があるものの（改正前民534条ないし536条、改正後民536条）、当事者の力関係によって民法の原則を修正したり、当事者のいずれが、どのような場合にリスクを負担するか、あるいは、いかなる事由が「責めに帰す事由」となるのか、あらかじめ明示的に定めたりしておかないと不要な紛争を招くことがある。

　一般的には、目的物の「支配」を取得したとき以降に危険が移転するとするのが通常であるが、特に、以下の契約類型では、民法の規定そのままの適用が契約の内容に即していない場合は、明示的に契約書に記載する必要があるであろう。

　さらに、改正後民法536条1項は、「債権者は、反対給付の履行を拒むことができる」と規定し、反対債務自体は存在するが、その履行を拒めることにしているため、反対債務が、契約解除等の手段を用いずに、自動的に消滅するような規定を設けることも考えられる。

㋐　売買契約

　目的物や権利が、契約締結後に、当事者の責めに帰することができない理由によって、滅失した場合、債権者（買主）と債務者（売主）いずれが危険を負

担するか。改正後民法536条1項により、債務者主義が原則であるが、原則を
逆転させたり、後述のとおり、危険の移転時期について、修正したりすること
が可能である。

　また、「当事者の責めに帰すべき事由によらない」とは、どのような事由を
いうのか。これを例示するなど定めておかないと、現実に、事故が生じた場合
に、当事者の間で、解釈の争いや無用な紛争を生むことになる。

　㈤　雇用契約

　使用者（債権者）および労働者（債務者）の双方の責めに帰すことができな
い事由によって、労働者が労働に従事することができなくなった場合、労働者
の報酬はどうなるのか。後記のとおり、改正後民法624条の2第1号に明文化
されたが、任意規定であるため、当事者の力関係などで民法の規定とは異なる
契約内容も定めうる。

　㈥　請負契約

　注文者（債権者）および請負人（債務者）の双方の責めに帰すことができな
い事由によって仕事を完成することができなくなった場合、請負人の報酬はど
うなるのか。後記のとおり、改正後民法634条1号に明文化されたが、任意規
定であるため、当事者の力関係などで民法の規定とは異なる契約内容も定めう
る。

　㈦　倉庫営業契約

　債務者の支配下に寄託物が存在するのが常態の契約であるため、契約の目的
物を支配する者が危険を負担するという原則に従うと常に債務者が危険を負担
し、債務者に酷な場合がある。

　㈧　運送契約

　運送品は、債務者である運送人の支配下にあるのが状態であるため、契約の
目的物を支配するものが危険を負担するという原則に従うと、債務者に酷な場
合がある。また、商法575条は、後発的事由（契約成立後の事由）で、運送品が
滅失した場合の損害賠償については定めているが、この場合、運送費がどうな
るかについては、定めていない。

2　民法改正の影響

⑴　改正前民法での危険負担

　改正前民法では、改正前民法536条の条文の構造（改正前民536条 1 項「前 2 条に規定する場合を除き」）から、原則として債務者主義を採用していたが、例外として、①特定物に関する物権の設定または移転を目的とする双務契約（改正前民534条 1 項）、②停止条件付双務契約の目的物が債務者の責めに帰すことができない事由によって損傷したとき（改正前民535条 2 項）、③債権者の責めに帰すべき事由によって債務を履行することができなくなったとき（改正前民536条 2 項）については、債権者主義を採用していた。

　しかし、実際においては上記の例外の①の部分に該当する双務契約が多いところ、上記のような規律がそのまま適用されると、たとえば、典型的な特定物の売買契約の場合、改正前民法534条 1 項が適用され、天災など売主の責めに帰すことができない事由によって特定物の引渡しが不可能となった場合でも、反対債務である買主の代金支払債務は存続し、買主は売買の対象物を手に入れることができないにもかかわらず売買代金を売主に支払わなければならないという不当な結果となってしまう。

　そこで実務では、売買契約などにおいて、危険負担条項として、民法と異なる債務者主義を採用したり、危険の移転時期を契約成立時からずらすなどしたり、その他の合理的なリスク負担の振り分けをしたりしていた。

⑵　改正後民法での危険負担

㋐　原　　則

　改正後民法は、債権者主義を定めた改正前民法534条および同法535条を削除し、改正後民法536条 1 項に、「当事者双方の責めに帰することのできない事由によって債務を履行することができなくなったときは、債権者は、反対給付の履行を拒むことができる」と規定し、債務者主義を採用することとした。

　よって、契約実務においても、改正前民法下と異なり、売買契約などの双務契約では、特に危険負担条項を入れなくても債務者主義の危険負担となりうる。

　しかし、後述のように危険の移転時期をずらす場合などは、特約条項を定めておく必要がある。

(イ) 特 則

　原則どおり、債務者主義が適用されると、債務者が報酬等を請求しても支払いを拒絶されることにより、不都合が生じることが想定される契約においては、改正後民法は次の特則を定める。

(A) 雇用契約

　雇用契約では、使用者（債権者）の責めに帰することができない事由（すなわち、使用者・労働者双方の責めに帰することができない事由、もしくは労働者の責めに帰すべき事由）によって、労働者（債務者）が労働に従事できなくなったときは、労働者は、すでにした履行の割合によって、報酬を請求することができると規定された（改正後民624条の2第1号）。

(B) 請負契約

　請負契約においても、注文者（債権者）の責めに帰することができない事由（すなわち、注文者・請負人双方の責めに帰することができない事由、もしくは請負人の責めに帰すべき事由）によって、仕事を完成することができなくなったときは、請負人（債務者）は、すでにした仕事の結果により、注文者が受ける利益の割合によって、報酬を請求することができると規定された（改正後民634条1項1号）。

　これらは、任意規定であるので、契約の内容や当事者の力関係により、民法とは異なる規定を契約で定めることができる。

3　どの時点で危険が移転するか

(1)　危険の移転

　「危険の移転」とは、後発的（契約成立後の）履行不能によるリスクが債務者から債権者に移転することをいう。つまり、契約の履行が後発的（契約成立後）に不能になっても、債権者が金銭支払債務の履行を拒めなくなることをいう。

　改正前民法の下では、特定物に関する物権の設定または移転を目的とする双務契約において、債権者主義がとられていた。たとえば、特定物の売買契約の場合は、契約成立後、引渡しまでに、債務者の責めに帰することができない事由で目的物が滅失しても債権者である買主は、代金を支払わなければならない。このように、契約締結の時点で目的物の滅失による危険が債権者に移転してい

た。そのため、契約実務では、解釈や契約書の条項によって危険の移転を遅らせ、債権者が目的物を支配した（引渡し、登記などの対抗要件具備、使用収益権能の取得等）ときから、債権者に危険を移転させようという試みがなされた。

　しかし、改正後民法が、双務契約における当事者双方の責めに帰することのできない後発的な不能について債務者主義をとった結果、契約書に特別な条項を定めなくとも、債務者が契約時から債務の履行のときまで危険を負担し、債務を履行した時点で、危険が債務者から債権者に移転することとなった。

　したがって、改正後民法の下では、結局、債務者の履行が完了し、債権者が対象物を支配した時点で危険が債権者に移転するということになるが、契約当事者の力関係や契約の内容によっては、引渡し後、債権者の検収が完了した時点に危険が移転するなど、特約で、あえて民法が規定していない時期に危険が移転するように定める必要もあるであろう。

(2)　受領遅滞

　また、改正後民法413条は、特定物の引渡債務について、債権者が履行の提供を受けながら受領を遅滞した場合に、債務者は引渡しまで、その物についての保存義務が善管注意義務から自己の財産に対するのと同一の注意義務に軽減されるとする。そして、改正後民法413条の２第２項は、債務者より履行の提供があり、債権者の受領遅滞中に、当事者双方の責めに帰することのできない事由によって、その債務の履行が不能となった場合は、その履行の不能は、債権者の責めに帰すべき事由とみなす旨を定める。

　債権者の責めに帰すべき履行不能による危険は債権者が負担するので（改正後民536条２項）、結局、債権者の受領遅滞により、危険が債権者へ移転することとなる。

4　代金・報酬請求権の発生時期による解決

　前述のとおり、「危険の移転」とは、金銭支払債務およびそれと対価関係にある債務（非金銭債務）が、双方発生していることを前提として、上記非金銭債務が後発的に履行不能になっても、金銭支払債務が残存し、債権者が金銭支払債務を拒めなくなることである。

　この危険の移転時期をいつにするかということが危険負担条項の役割である。

　しかし、危険の移転と同様の効果は、金銭（代金、報酬）支払債務の発生時期を、契約締結後の一定の時点（たとえば、引渡し時）とすることでも達成できる。それゆえ、金銭支払債務の発生時期が危険負担条項の内容として規定されることも多い。

Ⅱ　売買契約の場合

1　危険の移転時期

(1)　典型的な文例

甲：買主　乙：売主

（危険負担）

第○条　甲は、本物件の引渡しを受ける前に、本物件が甲・乙いずれの責めにも帰することができない事由によって滅失した場合、乙に対して、売買代金の支払いを拒むことができる。[1]

※1　この内容は、改正後民法536条1項と同趣旨である。

(2)　一方当事者に有利な文例

(ア)　買主に有利

甲：買主　乙：売主

（危険負担）

第○条　甲は、乙が本物件を甲に引き渡した後、速やかに甲が本物件を検査し、仕様に適合したもののみ受け入れる（以下、「検収」という。）。[2]

　2　甲は、検収完了までに、本物件が、甲・乙いずれの責めに帰することもできない事由により滅失した場合、乙に対して売買代金の支払いを拒むことができる。[3]

※2　引渡し（納品）の後に、買主（債権者）が検収を行うことも実務では、よく

みられる（第 3 章参照）。

※ 3　買主（債権者）が、売買の目的物の引渡しを受けただけでは、買主（債権者）に危険は移転せず、買主（債権者）が検収を完了するまで、売主（債務者）が危険を負担することになる。

　〔イ〕　売主に有利

契約締結時に危険が移転

甲：買主　乙：売主

（危険負担）

第○条　甲は、<u>本件契約締結時に</u>、乙に対して本物件の代金を支払い[4]、本物件の所有権を取得するものとし、以後、甲乙いずれの責めに帰することのできない事由で本物件が滅失した場合の損失は、甲が負担する。

　2　乙は、甲より代金を受領した後、速やかに、本物件を甲に引き渡す。

※ 4　売買の目的物の引渡しを待たずに、契約締結時または代金支払い時に、買主（債権者）に危険が移転する。圧倒的に買主（債権者）が不利なようにみえるが、買主（債権者）にも、所有権を取得し、すばやく第三者に転売できるメリットはある。

引渡し前の特定日に危険が移転

甲：買主　乙：売主

（危険負担）

第○条　甲は、<u>○年○月○日限り</u>[5]、乙に対して本物件の代金を支払い、本物件の所有権を取得するものとし、代金支払い後は、甲乙いずれの責めに帰することのできない事由で本物件が滅失した場合の損失は、甲が負担する。

　2　乙は、甲より代金を受領した後、速やかに、本物件を甲に引き渡す。

※ 5　危険の移転時期を契約締結後の特定の日（代金支払日）とした。

(3)　折衷的な文例

納入日に危険が移転

甲：買主　乙：売主

（危険負担）

第○条　甲は、乙から本物件の引渡しを受けるのと引き換えに、本物件の<u>代金を支払い、本物件の所有権を取得する</u>[6]。

※6　買主による目的物の支配とともに、買主に危険が移転する。

引渡し時に危険が移転

甲：買主　乙：売主

（危険負担）

第○条　乙は、甲が指定した方法で、本物件を納入する。

　　2　甲は、<u>乙が本物件を納入する前に、甲乙いずれの責めにも帰することのできない事由で本物件が滅失した場合</u>[7]、乙に対して売買代金の支払いを拒むことができる。

※7　目的物の納入までの危険を売主が負担する。輸送中の危険も売主が負担することとなる。

第三者に引き渡したときに危険が移転

甲：買主　乙：売主

（危険負担）

第○条　乙は、甲が指定する者に対して、本物件を引き渡す。

　　2　甲は、<u>前項の引渡し前に</u>[8]、甲乙いずれの責めにも帰することのできない事由で本物件が滅失した場合、乙に対して売買代金の支払いを拒むことができる。

※8　買主の指定した第三者に引き渡すまでの危険を売主が負担する。第三者は、運送業者や買主の転売先などが想定される。

2　「当事者の責めに帰すべき事由によらない」の具体例

甲：買主　乙：売主

> （危険負担）
> 第○条　甲は、引渡し前に本物件が、<u>天変地異、戦争、テロ、暴動、政府による命令・処分、又は、通信施設・輸送機関の事故等の不可抗力</u>[9]によって滅失した場合は、乙に対して、売買代金の支払いを拒むことができる。

※9　そもそも、「当事者の責めに帰すべき事由によらない」か否かが、争いになるケースもあると思われるため、個々具体的な取引に応じて、典型例をあげておく必要がある。

Ⅲ　雇用契約の場合

1　典型的な文例

甲：使用者　乙：労働者

> （危険負担）
> 第○条　乙は、甲の責めに帰することができない事由によって労働に従事することができなくなったときは、甲に対し、<u>既に履行した割合</u>[1]に応じて報酬を請求することができる[2]。

※1　「既に履行した割合」とは、労務に応じて報酬が定められている場合は、その労務の割合、期間に応じて報酬が定められている場合は、日割り計算等によると考えられている。
※2　この内容は、改正後民法624条の2第1号と同趣旨である。

2　一方に有利な文例

甲：使用者　乙：労働者

（危険負担）

第○条　乙は、甲の責めに帰することができない事由によって労働に従事
することができなくなったときにおいても、定められた報酬の80％
又は既に履行した割合に応じた金額のいずれか多い方を、甲に対し、
請求することができる。

※3　定められた報酬の80％は、最低保障されたこととなる。

Ⅳ　請負契約の場合

1　典型的な文例

甲：注文者　乙：請負人

（危険負担）

第○条　乙は、甲の責めに帰することができない事由によって仕事を完成
することができなくなったときは、既にした仕事の結果により甲の
受ける利益の割合によって報酬を請求することができる。

※1　この内容は、改正後民法634条１号の同趣旨である。

2　一方に有利な文例

⑴　注文者に有利な文例

甲：注文者　乙：請負人

（危険負担）

> 第○条　乙は、甲の責めに帰することができない事由によって仕事を完成
> することができなくなったときは、甲に対し、報酬を請求すること
> ができない。

(2)　請負人に有利な文例

甲：注文者　乙：請負人

> （危険負担）
> 第○条　乙は、甲の責めに帰することができない事由によって仕事を完成
> することができなくなったときは、<u>定められた報酬の80％又は既に</u>
> <u>した仕事の結果により甲の受ける利益の割合に応じた金額のいずれ</u>
> <u>か多い方</u>を、甲に対し、請求することができる。

※2　定められた報酬の80％は、最低保障されたこととなる。
（注）　甲が消費者、乙が事業者の場合で、かつ、乙に帰責事由がある場合は、消費者契約法10条等で、無効になるおそれがあるので、注意を要する。

3　折衷的な文例

甲：注文者　乙：請負人

> （危険負担）[3]
> 第○条　乙は、甲乙いずれの責めに帰することのできない事由によって、
> 損害が生じたときは、甲に対し、速やかに、その状況を通知する。
> 2　甲は、前項の損害について甲及び乙が協議して重大なものと認め、
> かつ、乙が善良なる管理者としての注意をしたと認められるものに
> ついては、その損害を負担する。
> 3　損害保険等その他損害を填補するものがあるときは、それらの額
> を前項の甲の負担額から控除する。

※3　民間（旧四会）連合協定工事請負契約約款21条（民間（旧四会）連合協定工事請負契約約款委員会編著『民間（旧四会）連合協定工事請負約款の解説』（大

成出版社、2016年)) を参考とした。

Ⅴ 倉庫営業契約の場合

1 典型的かつ寄託者に有利な文例

甲：寄託者　乙：受寄者

(滅失寄託物の料金の負担)

第○条　甲は、甲の責めによらない事由により、乙の保管中に寄託物が滅
　　　　失したときは、乙に対して保管料の支払いを拒むことができる。[1]

※1　商法611条では、倉庫営業者は、寄託物出庫以降でなければ保管料の請求がで
　　きないと規定されており、後発的な不能が生じた場合の危険の負担については、
　　債務者主義の適用と同様の効果となり、倉庫営業者が保管料を受け取れず、倉
　　庫営業者が危険を負担することとなる。

2 受寄者に有利な文例

甲：寄託者　乙：受寄者

(滅失寄託物の料金の負担)

第○条　甲は、寄託物の入庫時に、保管期間全期間の保管料金を支払う。[2]
　　2　甲は、寄託物が乙の保管中に、乙の責めによらない事由で滅失し
　　　　た場合は、乙に対して、前項の保管料の返還を求めることができな
　　　　い。

※2　入庫時に保管料全額を支払う先取計算方法である。倉庫営業契約においては、
　　対象物を支配する者が危険を負担するという危険負担の原則的な考え方を、そ
　　のまま適用すると、受寄者が常に、対象物を支配しているため、常に保管料の
　　請求ができないことになり、著しく受寄者に不利になるため、修正し、先取計
　　算法とした。

3　折衷的な文例

甲：寄託者　乙：受寄者

（滅失寄託物の料金の負担）

第○条　乙は、保管中に寄託物が滅失したときは、滅失したときまでの保
　　　　管料金を甲に請求することができる。

　　　　　ただし、乙の責めに帰する事由により滅失した場合は、この限り
　　　　ではない。[3]

※ 3　国土交通省　「標準倉庫寄託約款」を参考とした。

Ⅵ　物品運送契約の場合

1　典型的かつ折衷的な文例

甲：荷送人　乙：運送人

（危険負担）

第○条　乙は、運送品が、甲・乙いずれの責めにも帰することのできない
　　　　事由によって滅失し、又は損傷したときは、その滅失又は損傷した
　　　　運送品にかかる運送賃を請求することができない。

　　2　甲は、運送品の損傷又は滅失が、運送品の性質又は瑕疵によって
　　　　生じたときは、乙に対して、運送賃の支払いを拒むことができない。[1]

※ 1　商法573条 2 項と同様の内容である。

2　一方に有利な文例

(1)　荷送人に有利な文例

甲：荷送人　乙：運送人

(危険負担)

第○条　甲は、運送品の全部又は一部が、甲の責めに帰することのできな
　　　　い事由によって滅失又は損傷したときは、運送賃全額の支払いを拒
　　　　むことができる。

---

(2)　運送人に有利な文例

甲：荷送人　乙：運送人

(危険負担)

第○条　乙は、運送品の全部又は一部が、乙の責めに帰することのできな
　　　　い事由によって滅失又は損傷したときは、運送賃全額を請求できる。

《コラム・危険負担》

　本文中に述べたように、改正前民法下の実務では、危険負担については、直接民法を適用するのではなく、通常は契約書の条文で合理的なリスク負担の振り分けをしていたので、危険負担の改正前民法の条文がそのまま適用されるケースが少なかった。

　経験上、民法の危険負担の条文が直接適用されたのは、労使紛争のケースが多かったように思える。すなわち、労働者（債務者）が解雇され、解雇の有効性を争ったところ、後日、解雇が無効となった場合、紛争中労務が提供できなかった期間の賃金を使用者（債権者）は支払わなければならないかという問題である。通常は労働契約（雇用契約）にこのような事態を想定した条文はない。

　そこで、改正前民法の債権者主義の条文（改正前民536条2項）が直接適用され、使用者の責任で労働者が労務を提供できなかったのだから、紛争期間中の賃金は労務の提供がなされなくても使用者が支払うということになっていた（改正後民法も、上記のケースではそうなる）。

第6章　契約不適合責任（旧瑕疵担保責任）に関する条項

Ⅰ　チェックポイント

1　本条項の必要性と重要性

　これまでは、特定物売買の目的物に欠陥・不具合（瑕疵）があった場合には、瑕疵担保責任（改正前民570条等）が適用されるものとされてきた。

　しかし、改正後民法では、改正前民法の瑕疵担保責任は廃止され、特定物売買か否かで分けることなく、目的物が契約内容からかい離していることに対する責任（契約不適合責任）が新たに規定されるに至った。

　そこで、これまでの売買契約書等が、改正後民法の新たな規定にマッチしていないことから、改正後民法を意識した条項が必要となる。そして、この条項の内容をいかに定めるかが重要となる。

2　本条項の要否を検討すべき契約類型

　改正後民法の契約不適合責任の問題は、改正前民法では、売買契約における売主の担保責任、請負契約における請負人の担保責任という形で表れていた問題であるから、主に、売買契約と請負契約において問題となる。

3　民法の改正による影響

⑴　改正前民法の瑕疵担保責任の法的性質

　改正前民法では、売買の目的物に欠陥・不具合（瑕疵）があった場合（特定物売買）とそれ以外の場合（不特定物売買）を分け、特定物売買の場合には瑕疵担保責任（改正前民570条等）、不特定物売買の場合には債務不履行責任（改正前民415条）が適用されるものとされてきた。その根拠として、特定物売買に

【改正前民法の瑕疵担保責任（売買）と改正後民法の契約不適合責任の相違】

	改正前民法	改正後民法
法的性質	法定責任（通説）	債務不履行責任
対　象	**隠れた瑕疵**	**契約の内容に適合しないもの**
契約解除	契約の目的を達成できない場合、可	催告により、可 不履行が軽微である場合、不可
損害賠償請求	無過失責任 信頼利益に限られる	売主の帰責事由が必要 履行利益も含まれる
追完請求	不可	履行可能であれば、可 買主の責めに帰すべき場合、不可
代金減殺請求	（数量指示売買を除き、）不可	催告により、可 買主の責めに帰すべき場合、不可
権利行使の保全方法	知ってから1年以内に損害賠償等の請求が必要	知ってから1年以内に契約不適合の事実の通知で足りる

おける売主の義務は、その目的物の所有権を買主に移転することに尽きるため、たとえ目的物に欠陥があっても売主に欠陥のないものを引き渡す義務はなく、債務不履行責任は生じないという考え方があった。そのうえで、売主が債務不履行責任は負わないとしても、そのままでは買主の信頼が裏切られてしまうため、買主の信頼保護のために特に法律で定めたものが瑕疵担保責任であるという考え方が通説とされてきた（「法定責任説」と呼ばれていた）。

(2)　**改正後民法における契約不適合責任**

このような背景の下、改正後民法では、改正前民法の瑕疵担保責任は廃止され、特定物売買か否かで分けることなく、目的物が契約内容からかい離していることに対する責任（契約不適合責任）が新たに規定された。契約不適合責任は、これまで通説とされていた法定責任ではなく、債務不履行責任として整理されることになり、契約一般についての債務不履行責任との関係では、売買の場合についての特則として位置づけられることになった。このように、改正後

民法では、これまでの瑕疵担保責任の考え方とは根本的な違いがあるため、さまざまな違いが生じる。

売買契約における改正前民法の瑕疵担保責任と改正後民法の契約不適合責任の相違点は、前頁の表のとおりである。

4　契約不適合責任の要件

⑴　「契約の内容に適合しないものである」こと

改正後民法では、契約の内容についての解釈は、「合意の内容や契約書の記載内容だけでなく、契約の性質（有償か無償かを含む）、当事者が契約をした目的、契約締結に至る経緯を始めとする契約をめぐる一切の事情につき、取引通念を考慮して評価判断されるべきものである」とされている。もっとも、このような考え方は、従来、「瑕疵」の概念について議論されてきた主観的瑕疵、客観的瑕疵の内容と大きく異なるものではないが、今後、民法の文言が変わることにより、裁判所の判断が変わっていく可能性は否定できず、「契約の内容」の解釈をめぐって争いになる可能性がある。

⑵　不特定物売買への適用

改正前民法と異なり、改正後民法では、特定物・不特定物の区別はなく、引き渡された目的物が「種類、品質及び数量に関して契約の内容に適合しないもの」であるときに、売主が契約不適合責任を負うことになる（改正後民562条〜564条）。

⑶　要件の有無の判断時期

従来、「瑕疵」の有無の判断時期については、法定責任説の立場から、契約締結時点までに生じた瑕疵に限られると解釈されていたが、改正後民法では「契約内容に適合しない」か否かは契約締結の前後で区別せず、引渡し時までに発生した場合も含むことになると考えられている。

⑷　契約不適合が「隠れた」ものであることは不要

改正後民法においては、売買の目的物について買主が欠陥を認識していた場合や、外形上明らかな欠陥があった場合でも、「契約の内容に適合しない」ことがありうることから、従来のように「隠れた」ものである必要はないことになる。

(5)　損害賠償請求には売主の帰責性（過失）が必要

改正前民法における瑕疵担保責任は、売主の無過失責任（売主の帰責性は不要）であると解されていたが、改正後民法における契約不適合責任は、債務不履行一般の損害賠償請求のルールに従うことになる。したがって、契約不適合があっても、「債務の不履行が契約その他の債務の発生原因及び取引上の社会通念に照らして債務者の責めに帰することができない事由によるものであるとき」は、損害賠償請求をすることはできないことになる（改正後民564条、415条）。

　もっとも、買主は、契約不適合の状態に応じて、売主に対して履行の追完請求ができる旨が明文化されており、この場合の売主の帰責性（過失）は特に必要とされていない（改正後民562条1項）。これに対して、契約不適合が売主ではなく買主の帰責事由による場合には、買主は履行の追完請求ができないとされている（同条2項）。これは、契約不適合が買主の帰責事由による場合にまで買主に履行の追完請求権を認めるのは、売主に酷だからである。

　また、買主の代金減額請求権についても、売主の帰責性（過失）は特に必要とされておらず（改正後民563条1項）、契約不適合が売主ではなく買主の帰責事由による場合には、買主は代金の減額請求ができないとされている（同条3項）。これも、契約不適合が買主の帰責事由による場合にまで買主に代金の減額請求権を認めるのは、売主に酷だからである。

5　契約不適合責任の効果

　買主の救済方法について、改正後民法は債務不履行責任に関する売買の特則として整理され、契約不適合の状態に応じて、①追完請求権（改正後民562条1項）や②代金減額請求権（改正後民563条1項・2項）が規定された。瑕疵担保責任として改正前民法でも認められていた解除や損害賠償についても、③契約

の解除（改正後民564条、541条、542条）や④債務不履行による損害賠償（改正後
民564条、415条）として規定されている。

6　権利行使のための通知期間制限

⑴　「種類又は品質」に関する契約不適合の場合
　改正前民法においては、瑕疵担保責任に基づく損害賠償請求等について、瑕
疵を知ってから1年間という権利行使の期間制限（改正前民566条3項等）が存
在したが、改正後民法では、「種類又は品質」に関する契約不適合を認識した
にもかかわらず1年間売主に対してその旨の「通知」をしない場合に、買主が
失権することとされた。（改正後民566条）。

⑵　「目的物の数量」、「権利移転」に関する契約不適合の場合
　「種類又は品質」に関する契約不適合に対し、「目的物の数量」や「権利移
転」に関する契約不適合については、改正後民法566条の対象とはならず、一
般的な消滅時効の定めに従うものとされる。
　消滅時効について、改正前民法は「権利を行使することができる時から進
行」（改正前民166条1項）し、「債権は、10年間行使しないときは、消滅する」
（改正前民167条1項）ものとされていた。これに対し、改正後民法においては、
「権利を行使することができることを知った時」（主観的起算点）から「5年間」
行使しないとき、または「権利を行使することができる時」（客観的起算点）か
ら「10年間」行使しないときは、時効によって消滅することとなった（改正後
民166条1項）。

　　　客観的起算点（行使可能時から）　　⟶　　10年
　　　主観的起算点（上記を知った時から）⟶　　5年

⑶　買主の権利を保存するために必要な通知
　改正前民法の下において、消滅時効の完成を防ぐための権利の行使は、「売
主に対し、具体的に瑕疵の内容とそれに基づく損害賠償請求をする旨を表明し、
請求する損害額の算定の根拠を示す必要があるとされていた（最判平成4・10・
20民集46巻7号1129頁）。これに対し、改正後民法566条においては、不適合に
ついての「通知」を行うことで足りることとされた。

7 代金支払拒絶権（改正後民576条）

　なお、純粋な契約不適合責任の問題ではないが、買主が権利を取得すること
ができない等のおそれがある場合の買主による代金支払拒絶権も改正されてい
る。

　この点、改正前民法576条は、売買の目的物について、「権利を主張する者が
ある」ために買主が買い受けた権利を「失うおそれがあるとき」に、買主に代
金支払拒絶権を与えていたが、この支払拒絶権については、目的物上に用益物
権があると主張する第三者が存在する場合が含まれるとされたほか、債権売買
において債務者が債務の存在を否定した場合でも類推適用されると解されてい
た。そこで、改正後民法576条は、「権利を主張する者がある」場面だけでなく、
これらの場合も代金支払拒絶権があることを明文化している。また、この代金
支払拒絶権は、買主がすでに取得した権利を失うおそれがある場合だけでなく、
買主が権利を取得することができないおそれがある場合にも代金支払拒絶権が
あることが明文化されている。すなわち、改正後民法576条は、「売買の目的に
ついて権利を主張する者があることその他の事由により、買主がその買い受け
た権利の全部若しくは一部を取得することができず、又は失うおそれがあると
きは、買主は、その危険の程度に応じて、代金の全部又は一部の支払を拒むこ
とができる。ただし、売主が相当の担保を供したときは、この限りでない」と
表現している。

8 契約不適合責任（担保責任）を負わない旨の特約（改正後民572条）

　契約不適合責任の規定は、任意規定であるから、売主が契約不適合責任（担
保責任）を負わない旨の特約をした場合には、この特約は、有効である。しか
し、知りながら告げなかった事実、および自ら第三者のために設定しまたは第
三者に譲り渡した権利については、その責任を免れることができないとされて
いる（改正後民572条）。この点は、改正前と同じである。

9　他の法令による制約

　上記のとおり、民法上は、契約不適合責任の規定は、任意規定であるが、他の法令により、契約不適合責任を強制されている場合があるので、注意を要する。

　次のような規定は、強行規定であるから、これに反する条項を定めることはできず、仮に定めても効力を有しない。

①　宅地建物取引業法では、売主が宅建業者で、買主が非業者である場合には、契約不適合責任の行使期間を引渡し時から2年以上とする特約を除き、民法の規定よりも買主に不利な特約は、無効とされる（同法40条）。

②　消費者契約法では、売主が事業者で、買主が消費者である場合には、契約不適合責任を免責する特約は、無効とされる（同法8条）。

③　住宅の品質確保と促進等に関する法律では、新築住宅の売主は、引渡時から10年間は、「主要構造部分」の契約不適合責任を負う義務がある（同法95条）。

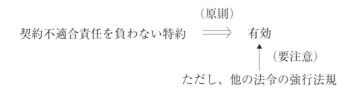

$$（原則）$$

$$契約不適合責任を負わない特約　\Longrightarrow　有効$$

$$（要注意）$$

$$ただし、他の法令の強行法規$$

Ⅱ　売買契約の場合

1　典型的な文例

(1)　追完請求権の文例

売主：甲　買主：乙

（買主の追完請求権）

第○条　乙は、甲に対して、引き渡された本物件が、種類、品質又は数量に関して契約の内容に適合しないものであるときは、本物件の修補、代替物の引渡し又は不足分の引渡しによる履行の追完を請求することができる。但し、甲は、乙に不相当な負担を課するものでないときは、乙が請求した方法と異なる方法による履行の追完をすることができる。

2　乙は、前項の不適合が乙の責めに帰すべき事由によるものであるときは、前項の規定による履行の追完の請求をすることができない。

※1　改正後民法562条1項と同じように、契約不適合の状態に応じて、買主に追完請求権を認めている。

※2　改正後民法562条2項と同じように、買主の帰責事由による場合には、買主は履行の追完請求ができないとしている。契約不適合が買主の帰責事由による場合にまで買主に履行の追完請求権を認めるのは、売主に酷だからである。

(2)　代金減額請求権の文例

売主：甲　買主：乙

（買主の代金減額請求権）

第○条　乙は、第○条第1項本文に規定する場合において、乙が相当な期間を定めて履行の追完の催告をし、その期間内に履行の追完がないときは、その不適合の程度に応じて代金の減額を請求することができる。

2　乙は、前項の規定にかかわらず、次に掲げる場合には、同項の催告をすることなく、直ちに代金の減額を請求することができる。

①　履行の追完が不能であるとき

②　甲が履行の追完を拒絶する意思を明確に表示したとき

③　契約の性質又は当事者の意思表示により、特定の日時又は一定の期間内に履行しなければ契約をした目的を達することができない場合において、甲が履行の追完を得ないでその時期を経過したとき

④　前3号に掲げる場合のほか、乙が前項の催促をしても履行の追

　　完を受ける見込みがないことが明らかであるとき
　　3　乙は、第1項の不適合が乙の責めに帰すべき事由によるものであるときは、前項の規定による代金の減額の請求をすることができない。

※3　改正後民法563条1項と同じように、買主の代金減額請求権を規定している。

※4　改正後民法563条2項と同じように、催告に意味がない場合には、買主に無催告の代金減額請求権を認めている。

※5　改正後民法563条3項と同じように、買主に帰責事由がある場合には、代金減額請求ができないとしている。契約不適合が買主の帰責事由による場合にまで買主に代金減額の権利を認めるのは、売主に酷だからである。

(3)　解除、損害賠償の文例
売主：甲　買主：乙

（買主の解除、損害賠償請求権）
第○条　乙は、第○条第1項本文に規定する場合において、契約の目的を達成することができない場合には、甲に対して、契約を解除し、その損害の賠償を請求できる。
　　2　乙は、第1項の不適合が契約その他の債務の発生原因及び取引上の社会通念に照らして甲の責めに帰することができない事由によるものであるときは、前項の規定による契約解除、損害賠償の請求をすることができない。

※6　売主に帰責事由がある場合の買主の解除、損害賠償請求権を規定している。この内容は、改正後民法564条と同趣旨である。

(4)　期間制限の文例
売主：甲　買主：乙

（契約不適合責任の期間制限）
第○条　乙は、第○条第1項本文に規定する場合において、乙がその不適合を知った時から1年以内にその旨を甲に通知しないときは、その不適合を理由として、履行の追完の請求、代金減額の請求、損害賠

> 償の請求及び契約の解除をすることができない。但し、甲が引渡し
> の時にその不適合を<u>知り、又は重大な過失によって知らなかったと</u>
> <u>き</u>は、この限りでない。
> ⁸

※ 7　改正後民法566条本文と同じように、権利行使のための通知期間制限を 1 年と
　　　している。もっとも、買主は不適合を知って 1 年以内に通知すればそれで足り
　　　るから、特に買主に不利な期間制限とはいえない。

※ 8　改正後民法566条ただし書と同じように、悪意重過失の売主は、通知期間制限
　　　の保護を受けないとしている。

(5)　代金支払拒絶の文例

売主：甲　買主：乙

> （買主の代金支払拒絶権）
> 第○条　乙は、売買の目的である本物件について権利を主張する者がある
> 　　　　ことその他の事由により、乙がその買い受けた権利の主張の全部も
> 　　　　若しくは一部を取得することができず、又は失うおそれがあるとき
> 　　　　は、その危険の程度に応じて、甲に対して、<u>代金の全部又は一部の</u>
> 　　　　<u>支払を拒む</u>ことができる。但し、甲が相当の担保を供したときは、
> 　　　　　⁹
> 　　　　この限りでない。

※ 9　改正後民法576条と同じように買主に代金支払拒絶権を認めたものである。

2　特殊な文例

(1)　不動産の実測売買

　土地の売買においては、実地測量を行うのが原則であり、次のような文例が
一般的である。

売主：甲　買主：乙

> （土地の実測による売買代金の修正）
> 第○条　甲は、本契約締結後直ちに甲の費用で、本件土地の実地測量を行

う。

　　2　本件土地の面積は実測によるものとし、実測された面積がこれと異なるときは、1平方あたり金30万円の割合により売買代金を修正する。

(2)　不動産の公簿売買

　測量を行う時間的余裕がない場合やそのコストをかけることが経済的合理性に欠ける場合（たとえば、売主が破産管財人の場合等、売買代金も低廉でバランスがとれている）、または登記簿記載の面積について客観的信頼性が高い場合（たとえば、区画整理地）には、実地測量をすることがなく登記簿上の面積をもって目的物を特定することがある（公簿売買）。この場合には、将来の紛争を防止するために、後日実測面積と公簿面積が異なることが判明した場合であっても売買代金の清算は行わないことを明記しておく必要がある。

　なお、土地の場合とは異なり、建物の売買の場合には、特に建物面積を測量することなく、仮に登記簿記載の面積と異なる面積であることが判明しても、売買代金の清算は行わないことが一般的である。

売主：甲　買主：乙

（土地公簿売買）

第〇条　甲及び乙は、本件土地の売買対象面積を末尾記載の表示面積とし、同面積が測量による面積と差異が生じたとしても、互いに売買代金の変更その他何らの請求も行わない。

売主：甲　買主：乙

（建物公簿売買）

第〇条　甲及び乙は、本件建物の売買が登記簿面積によるものであることを確認し、実際の面積がこれと相違しても互いに売買代金の変更その他何らの請求も行わない。

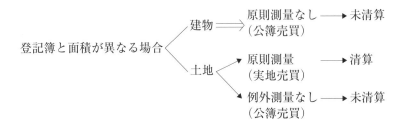

⑶　契約不適合責任免除条項（借地権付き中古建物）

　借地権付き中古建物の売買契約においては、近い将来当該建物が取り壊されることが予定されている場合があり、そのような場合には、売主は、当該建物を現状有姿のまま買主に引き渡すことで足り、契約不適合責任が免除されている場合がある。

　売主：甲　買主：乙

（契約不適合責任免除）

第○条　甲及び乙は、本件建物を現状有姿のまま引き渡すことに鑑み、甲
　　　　が契約不適合責任を負わないことを確認する。

⑷　契約不適合責任免除条項（中古自動車）

　中古自動車の売買契約等のように中古品の売買契約においては、目的物を現状のまま引き渡すことで契約不適合責任を免除する場合がある。

　売主：甲　買主：乙

（契約不適合責任免除）

第○条　甲及び乙は、本件自動車を現状のまま引き渡すことに鑑み、甲が
　　　　契約不適合責任を負わない[1]ことを確認する。

※1　71頁の「他の法令による制約」のとおり、消費者契約法では、売主が事業者
　　で、買主が消費者である場合には、契約不適合責任を免責する特約は、無効と
　　されるので、注意を要する。

Ⅲ　改正後民法における請負人の契約不適合責任（担保責任）

1　民法の改正による影響

⑴　修補請求権に関する規律の変更

　改正前民法634条1項は、仕事の目的物に瑕疵がある場合の注文者の請負人に対する瑕疵修補請求権を規定していたが、改正後民法は、上記のとおり、売買における売主の契約不適合責任を整理したことから、請負人の担保責任についても売買の契約不適合責任に関する規定が包括的に準用されることになった。

　これにより、改正前民法634条1項は削除されることになり、仕事の目的物が契約の内容に適合しない場合の修補請求権は、改正後民法559条により準用される同法562条を根拠として認められることとなった。

　また、改正前民法634条2項は、注文者は、瑕疵の修補に代えて、またはその修補とともに損害賠償請求することができると規定していたが、同項が削除されたため、修補に代わる損害賠償については、債務の履行に代わる損害賠償（改正後民415条2項）の要件を満たす必要がある。

⑵　解除に関する規律の変更

　改正前民法635条本文は、仕事の目的物に瑕疵があり、そのために契約をした目的を達することができない場合に、注文者に契約の解除権を認めていたが、同条は削除されたため、債務不履行の一般原則（改正後民541条・542条）に規律される。

⑶　請負人の担保責任の制限

　改正後民法では契約の内容に適合しない仕事の目的物が注文者に引き渡された場合には、注文者には、追完（修繕）請求、報酬減額請求、損害賠償請求、契約解除等が認められることとなったが、「注文者の供した材料の性質又は注文者の与えた指図によって生じた不適合」については、これらの請求が認められていない（改正後民636条本文）。ただし、当該不適合に関し、「請負人がその材料又は指図が不適当であることを知りながら告げなかったときは、この限り

でない」と規定されている（同条ただし書）。

(4) 担保責任の存続期間に関する規律の変更

改正前民法637条は、請負人の担保責任の存続期間として、仕事の目的物が引き渡された時から1年間の期間制限を定めていて、その解釈をめぐる争点があった。改正後民法637条1項では、注文者が仕事の目的物について契約内容の不適合を知った時から1年以内にその旨を請負人に通知しないときは、注文者は担保責任を追及することができない。

また、請負人が引渡し時（引渡しを要しない場合は仕事終了時）に目的物が契約内容に適合しないものであることを知り、または重大な過失によって知らなかった場合には、注文者も権利を制限して請負人を保護する必要がないことから担保責任の1年間の期間制限は適用されない（改正後民637条2項）。

(5) 改正前との相違

改正前民法の請負人の担保責任と改正後民法の請負人の担保責任の相違点は、以下の表のとおりである。

【改正前民法の請負人の担保責任と改正後民法の請負人の担保責任の相違】

	改正前民法	改正後民法
法的性質	法定責任説（通常の担保責任の特則）	債務不履行の特則
要　件	瑕疵	**契約不適合（559条で準用）**
修補請求	可（634条1項） ただし、**瑕疵が重要でない場合で過分の費用がかかる場合**は、不可	可（562条） ただし、**修補が不能な場合**は、不可
損害賠償請求	可（634条2項） ：**債務者の帰責事由は不要** ：履行利益	可（564条、415条） ：**債務者の帰責事由が必要** ：履行利益
報酬減額請求	────	可（563条）

契約解除	可（635条） ただし、**建物その他の土地の工作物**の場合は、不可	可（564条、541～543条） ただし、**不適合が軽微な場合**、不可
権利行使期間	引渡しまたは仕事終了時から1年以内に請求が必要（637条） もっとも、建築建物等は引渡後5年間（コンクリート造等は10年間）（638条）	不適合を知った時から1年以内に通知が必要（637条1項） ただし、請負人が悪意・重過失の場合は除く（637条2項）
責任制限特約	有効（640条）	有効（559条で準用する572条）

(6) 仕事未完成の場合の報酬請求権の創設

なお、請負人の契約不適合責任（担保責任）の問題ではないが、改正後民法は、建築請負契約の対象となる目的物の全体が完成していない場合でも、請負人は注文者が受ける利益の割合に応じて報酬を請求できる場合があることを明記している。すなわち、改正後民法634条は、次のように規定している。

「　次に掲げる場合において、請負人が既にした仕事の結果のうち可分な部分の給付によって注文者が利益を受けるときは、その部分を仕事の完成とみなす。この場合において、請負人は、注文者の受ける利益の割合に応じて報酬を請求することができる。

一　注文者の責めに帰することができない事由によって仕事を完成することができなくなったとき

二　請負が仕事の完成前に解除されたとき　」

Ⅳ　請負契約の場合

1　典型的な文例

（請負人の契約不適合責任）

第○条　注文者は、請負人が種類又は品質に関して契約の内容に適合しない仕事の目的物を注文者に引き渡した時（その引渡しを要しない場合であっては、仕事が終了した時に仕事の目的物が種類又は品質に関して契約の内容に適合しないとき）は、履行の追完の請求、報酬の減額の請求、損害賠償の請求及び契約解除をすることができる[1]。

　2　注文者は、<u>注文者の供した材料の性質又は注文者の与えた指図によって生じた不適合</u>[2]を理由としては、前項の規定による請求をすることができない。但し、請負人がその材料又は指図が不適当であることを知りながら告げなかったときは、この限りでない。

※1　民法559条によって準用される売買契約の契約不適合責任（改正後民562条〜564条）と類似の内容である。もっとも、請負人に過失がなくても損害賠償の請求ができるとしている。

※2　改正後民法636条と同じように、注文者は、注文者の供した材料の性質または注文者の与えた指図によって生じた不適合を理由としては、契約不適合責任を問えないとしている。

（請負人の契約不適合責任の期間制限）

第○条　注文者は、第○条第1項本文に規定する場合において、注文者がその不適合を知った時から1年以内にその旨を請負人に通知しない<u>ときは</u>[3]、その不適合を理由として、履行の追完の請求、報酬減額の請求、損害賠償の請求及び契約の解除をすることができない。

　2　前項の規定は、仕事の目的物を注文者に引き渡した時（その引渡しを要しない場合にあっては、仕事が終了した時）において、請負人

> が同項の不適合を知り、又は重大な過失によって知らなかったとき
> は、適用しない。
>   4

※3　改正後民法637条1項と同じように権利行使のための通知期間制限を1年とし
　　ている。もっとも、注文者は、不適合を知って1年以内に請負人に通知すれば
　　それで足りるから、特に注文者に不利な期間制限とはいえない。
※4　改正後民法637条2項と同じように、悪意重過失の請負人は、通知期間制限の
　　保護を受けないとしている。

2　折衷的な文例（大規模建設工事請負契約）

　大規模な建設請負工事の場合には、通常の請負契約の契約書ではなく、建設
工事標準請負契約約款等をベースとした契約書を作成する場合がある。

　この点、民法の請負人の契約不適合責任に関する規定は、任意規定であるか
ら、民法の規定と異なる規律で契約条項を作成することができる。そこで、当
事者は、民法改正後もこれまで長年使われてきた慣れ親しんだ建設工事標準請
負契約約款等をほぼそのまま使用することもあると思われる。

　しかし、民法の改正があった以上、その改正部分を考慮した建設工事請負契
約を締結するほうが当事者にとってより公平であると思われる。国土交通省も
今回の民法改正を踏まえた建設工事標準請負契約約款の利用を推奨している。

　次の条項は、今回の民法改正を踏まえた建設工事標準請負契約約款を参考と
した条項であり、民法改正以前の約款の内容につき、次の点で変更が行われて
いる。

(1)　契約不適合責任

　改正民法において、「瑕疵」が「契約の内容に適合しないもの」と文言が改
められ、その場合の責任として履行の追完と代金の減額請求が規定されたこと
を踏まえて、同様の変更が行われている。

(2)　契約の解除

　改正民法において、瑕疵に関する建物・土地に係る契約解除の制限規定が削
除されたことや双方の責めに帰すべき事由でないときであっても契約を解除で
きることとされたことを踏まえ、催告解除と無催告解除を整理したうえで契約

解除を規定した点で変更が行われている。

(3)　契約不適合責任の担保期間

　木造等の工作物または地盤や石造、コンクリート造等の工作物といった材質の違いによる担保期間は民法上廃止されたことを踏まえ、契約不適合の責任期間を引渡しから2年とし、設備機器等についてはその性質から1年とした点で変更が行われている。

（設計、施工条件の疑義、相違等）

第○○条

　　1　受注者は、次の各号のいずれかに該当することを発見したときは、直ちに書面をもって発注者等に通知する。

　　　一　図面若しくは仕様書の表示が明確でないこと又は図面と仕様書に矛盾、誤謬又は脱漏があること。

　　　二　工事現場の状態、地質、湧水、施工上の制約等について、設計図書に示された施工条件が実際と相違すること。

　　　三　工事現場において、土壌汚染、地中障害物の発見、埋蔵文化財の発掘その他施工の支障となる予期することのできない事態が発生したこと。

　　2　受注者は、図面若しくは仕様書又は監理者の指示によって施工することが適当でないと認めたときは、直ちに書面をもって発注者等に通知する。

　　3　発注者（発注者がこの項の業務を監理者に委託した場合は、監理者）は、前2項の通知を受けたとき又は自ら第1項各号のいずれかに該当することを発見したときは、直ちに書面をもって受注者に対して指示する。

　　4　前項の場合、発注者及び受注者は、相手方に対し、必要と認められる工期の変更又は請負代金額の変更を求めることができる。

（図面及び仕様書に適合しない施工）

第○○条

　　1　施工について、図面及び仕様書のとおりに実施されていない部分

　があると認められたときは、監理者の指示によって、受注者は、その費用を負担して速やかにこれを修補し、又は改造する。このために受注者は、工期の延長を求めることはできない。

2　発注者等は、図面及び仕様書のとおりに実施されていない疑いのある施工について、必要と認められる相当の理由があるときは、その理由を受注者に通知の上、必要な範囲で破壊してその部分を検査することができる。

3　前項の破壊検査の結果、図面及び仕様書のとおりに実施されていないと認められる場合は、破壊検査に要する費用は受注者の負担とする。また、図面及び仕様書のとおりに実施されていると認められる場合は、破壊検査及びその復旧に要する費用は発注者の負担とし、受注者は、発注者に対して、その理由を明示して、必要と認められる工期の延長を請求することができる。

4　次の各号のいずれかの場合に生じた図面及び仕様書のとおりに実施されていないと認められる施工については、受注者は、その責任を負わない。

　一　発注者等の指示によるとき。

　二　支給材料、貸与品、図面及び仕様書に指定された工事材料若しくは建築設備の機器の性質又は図面及び仕様書に指定された施工方法によるとき。

　三　第〇〇条の検査又は試験に合格した工事材料又は建築設備の機器によるとき。

　四　その他施工について発注者等の責めに帰すべき事由によるとき。

5　前項の規定にかかわらず、施工について受注者の故意又は重大な過失によるとき又は受注者がその適当でないことを知りながらあらかじめ発注者又は監理者に通知しなかったときは、受注者は、その責任を免れない。ただし、受注者がその適当でないことを通知したにもかかわらず、発注者等が適切な指示をしなかったときは、この限りでない。

6　受注者は、監理者から工事を設計図書のとおりに実施するよう求

められた場合において、これに従わない理由があるときは、直ちにその理由を書面で発注者に報告しなければならない。

（契約不適合責任）

第○○条

1　発注者は、引き渡された工事目的物が種類又は品質に関して契約の内容に適合しないもの（以下「契約不適合」という。）であるときは、受注者に対し、書面をもって、目的物の修補又は代替物の引渡しによる履行の追完を請求することができる。ただし、その履行の追完に過分の費用を要するときは、発注者は履行の追完を請求することができない。

2　前項の場合において、受注者は、発注者に不相当な負担を課するものでないときは、発注者が請求した方法と異なる方法による履行の追完をすることができる。

3　第1項の場合において、発注者が相当の期間を定めて、書面をもって、履行の追完の催告をし、その期間内に履行の追完がないときは、発注者は、その不適合の程度に応じて、書面をもって、代金の減額を請求することができる。ただし、次の各号のいずれかに該当する場合は、催告をすることなく、直ちに代金の減額を請求することができる。

一　履行の追完が不能であるとき。

二　受注者が履行の追完を拒絶する意思を明確に表示したとき。

三　工事目的物の性質又は当事者の意思表示により、特定の日時又は一定の期間内に履行しなければ契約をした目的を達することができない場合において、受注者が履行の追完をしないでその時期を経過したとき。

四　前3号に掲げる場合のほか、発注者がこの項の規定による催告をしても履行の追完を受ける見込みがないことが明らかであるとき。

（契約不適合責任期間等）

第○○条

1　発注者は、引き渡された工事目的物に関し、第○○条に規定する
　引渡し（以下この条において単に「引渡し」という。）を受けた日から
　２年以内でなければ、契約不適合を理由とした履行の追完の請求、
　損害賠償の請求、代金の減額の請求又は契約の解除（以下この条に
　おいて「請求等」という。）をすることができない。

2　前項の規定にかかわらず、建築設備の機器本体、室内の仕上げ・
　装飾、家具、植栽等の契約不適合については、引渡しの時、発注者
　が検査して直ちにその履行の追完を請求しなければ、受注者は、そ
　の責任を負わない。ただし、当該検査において一般的な注意の下で
　発見できなかった契約不適合については、引渡しを受けた日から１
　年が経過する日まで請求等をすることができる。

3　前２項の請求等は、具体的な契約不適合の内容、請求する損害額
　の算定の根拠等当該請求等の根拠を示して、発注者の契約不適合責
　任を問う意思を明確に告げることで行う。

4　発注者が第１項又は第２項に規定する契約不適合に係る請求等が
　可能な期間（以下この項及び第７項において「契約不適合責任期間」と
　いう。）の内に契約不適合を知り、その旨を受注者に通知した場合
　において、発注者が通知から１年が経過する日までに前項に規定す
　る方法による請求等をしたときは、契約不適合責任期間の内に請求
　等をしたものとみなす。

5　発注者は、第１項又は第２項の請求等を行ったときは、当該請求
　等の根拠となる契約不適合に関し、民法の消滅時効の範囲で、当該
　請求等以外に必要と認められる請求等をすることができる。

6　前各項の規定は、契約不適合が受注者の故意又は重過失により生
　じたものであるときには適用せず、契約不適合に関する受注者の責
　任については、民法の定めるところによる。

7　民法第637条第１項の規定は、契約不適合責任期間については適
　用しない。

8　発注者は、この契約の目的物の引渡しの際に、契約不適合がある
　ことを知ったときは、第１項の規定にかかわらず、書面をもってそ

の旨を直ちに受注者に通知しなければ、当該契約不適合に関する請求等をすることができない。ただし、受注者がこの契約不適合があることを知っていたときは、この限りでない。

9　この契約が、住宅の品質確保の促進等に関する法律（平成11年法律第81号）第94条第1項に規定する住宅新築請負契約である場合には、工事目的物のうち住宅の品質確保の促進等に関する法律施行令（平成12年政令第64号）第5条に定める部分の瑕疵（構造耐力又は雨水の浸入に影響のないものを除く。）について請求等を行うことのできる期間は、10年とする。この場合において、前各項の規定は適用しない。

10　引き渡された工事目的物の契約不適合が第○○条第4項各号（図面及び仕様書に適合しない施工）のいずれかの事由により生じたものであるときは、発注者は、当該契約不適合を理由として、請求等をすることができない。ただし、同条第5項に該当するときは、この限りでない。

以上

《コラム・法律用語》

　弁護士をやっていると不動産屋さんと話をする機会が多い。宅地建物取引主任の免許をもっている方が多いので、それなりに民法は勉強している。しかし、弁護士になりたての頃は、すぐにわからない言葉が少なくなかった。たとえば、「そうさつできますか？」と質問されて何をいっているのかわからなかった。「相殺（そうさい）」のことだった。また、「カシ責任」という言葉もよく耳にしたが、それは「瑕疵担保責任」のことだった。今回の民法改正で、「瑕疵担保責任」という概念が消滅して、「契約不適合責任」という概念となったが、不動産屋さんは正しく使ってくれるだろうか。

第7章 表明保証に関する条項

Ⅰ チェックポイント

1 表明保証条項

(1) 定 義

「表明保証条項」とは、一方当事者（表明保証させた側）が他方当事者（表明保証した側）に対し、自らまたは当該契約の対象物等に関する法律関係および事実関係などの一定の事項を表明し、当該内容が真実かつ正確であることを保証させる条項である。

(2) 表明保証条項の必要性

表明保証条項は、表明保証条項の対象となる事実関係が当然存在しかつ正確であることを前提に契約当事者が契約を締結する場合に、当該事実が存在しないまたは不正確であることが判明した場合、一方当事者（表明保証させた側）が他方当事者（表明保証した側）に対し、契約の解除および損害賠償請求等を可能にするために設けられるものである。表明保証条項がない場合は、契約書において当該事実関係の存在および正確性についての言及がない場合は、当然には契約の解除および損害賠償請求等が認められないことによるものである。

(3) 表明保証条項の例

契約当事者が法人の場合における自らに関する表明保証条項には、適法に法人が設立されておりかつ当該状態が維持されていることや、当該契約締結にかかる社内手続を適法に行っていること等がある。

また、対象物等に関する表明保証条項には、以下のようなものがある。

① 不動産売買契約の場合

対象物は不動産であるところ、たとえば、建物に関しては建築基準法お

よび関係法令を遵守し建築されていること、土地に関しては土壌汚染がないという事実を表明し、保証するような条項である。

② 株式譲渡契約の場合

譲渡対象物は株式であるところ、たとえば、当該株式が有効に発行されていること、売主が当該株式を保有しており、かつ、当該株式に担保が付着していないという事実を表明し、保証するような条項である。

なお、株式譲渡契約の場合、対象物は株式であるが、対象物である株式以外にも当該株式を発行した発行会社の状況（開示された財務状況が正確であること等）に関する事実を表明し、保証するような条項も設けられる。

(4) 表明保証条項に違反した場合の効果

表明保証条項においては、当該条項に違反した場合の効果を定めておく必要がある。なぜならば、表明保証条項は、民法または会社法等の法令に基づく条項ではなく、当事者間の合意によって設けられる条項であることから、表明保証条項違反から直ちに何らかの効果が導かれるものではないからである。

一般的に、表明保証違反の効果として定められる条項は、補償条項、解除条項、前提条件条項がある。

① 補償条項

補償条項とは、表明保証違反に起因し相手方に発生した損害・損失等を補償させる旨の条項である。

② 解除条項

解除条項とは、表明保証違反があった場合に契約を解除することができる旨の条項である。

③ 前提条件条項

前提条件条項とは、表明保証違反があった場合、相手方は契約に記載された義務について、前提条件を満たさないため、当該義務の履行を免れることができる旨の条項である。

(5) 裁判上の実務

表明保証条項違反に基づく損害賠償請求の訴えが提起された場合、裁判実務においては、表明保証した事項が形式的に真実と異なる場合であっても、直ちに表明保証違反に基づく損害賠償請求を認めず、当該事実が真実であることが

重要であるか否か等を考慮し、その適用には慎重な態度をとっている。

2　表明保証条項を検討すべき契約類型

⑴　不動産売買契約、株式譲渡契約および事業譲渡契約等の契約

　表明保証条項の要否を検討すべき契約類型は、不動産売買契約、株式譲渡契約および事業譲渡契約等の譲渡契約がまずあげられる。

　これらの契約においては対象物が、不動産、株式、事業というものであって、譲渡価格が高額になることが多いため、これらの譲渡契約を締結する前提として、法務、税務・会計およびビジネス等の各観点からデューデリジェンス（以下、「DD」という）を行うことが多い（ただし、その DD をどの程度詳細に行うかは案件ごとによって異なる）。

　そして、当該 DD の結果を踏まえ、問題点として洗い出された各事項について各譲渡実行日までの間に是正してもらうことを、各譲渡契約の譲渡実行の前提条件とすることがある。しかし、当該 DD の結果を踏まえても判明しなかった問題点が存在する可能性は否定できないし、万一問題点が存在する場合は、これが存在しないことを前提にこれらの契約を締結する場合は、損害の補償、契約の解除、履行義務の拒絶を認める必要があるため、表明保証条項を設けることが多い。

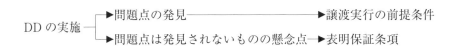

⑵　責任財産限定特約付金銭消費貸借契約（いわゆるノンリコースローン）

　責任財産限定特約付金銭消費貸借契約の場合、借入人の所有する特定の資産（以下、「責任財産」という）に対する与信を前提に、かつ貸付金額が高額となる契約が締結されることが多いため、契約を締結する前提として、借入人および責任財産に関し、DD が行われることが多い。そして、⑴の譲渡契約と同じような理由により、表明保証条項を設けることが多い。

(3)　業務委託契約

　表明保証条項の要否を検討すべき契約類型に、業務委託契約等もあげられる。

　これは、相手方に対し一定の業務を委託するに際し、相手方が業務を遂行することについて許認可が必要な場合に当該許認可を取得しかつ維持していること、または一定の人的・物的要件が必要な場合にこれらが整っていることを表明保証させるものである。

　これらの表明保証に対して条項違反がある場合は、業務を委託することを継続することができず、かつ不測の損害を被る可能性があるため、契約の解除および損害の賠償を認める必要性が高く、表明保証条項を設けることがある。

3　表明保証条項において検討する内容

(1)　表明保証条項を設けるか否か

　表明保証条項については、そもそも、表明保証をさせるか否かが問題となる。(a)自らに関する表明保証条項は、両当事者に表明保証させることが一般的である。(b)対象物等に関する表明保証条項は、売主および借入人に表明保証させることが一般的である。

　そのため、対象物等に関する表明保証条項については、売主および借入人は、定めないまたはできる限り限定的にさせることを希望し、他方、買主および貸付人は、できる限り広範囲にわたり、かつ限定事項なく、これをさせることを希望するという利害関係が衝突することが往々にしてある。

　売主および借入人としては、買主および貸付人の希望するような表明保証条項を設ける場合は、表明保証違反が契約解除、損害賠償等の効果を発生させることから、売主および借入人に不測の損害等が発生する可能性があるため、買主および貸付人が希望するような表明保証条項を受け容れがたいという事情がある。

　表明保証条項を設けるとしても、その内容は一義的なものではなく、売主（または借入人）および買主（または貸付人）が交渉の結果、どの程度の表明保証条項となるかが合意されるのである。

利益関係が衝突

(2) 表明保証条項の作成

　表明保証条項を設けるとしても、どのような事項を表明保証させるのかを次に検討する必要がある。

　通常は、各契約類型ごとの一般的なひな形を用い、事案ごとに必要となる表明保証事項を追記するなどし、最終的な表明保証条項を完成させることが一般的であると思われる。

　なお、表明保証させる事項は多岐にわたることが多いため、契約書本文にそのまま表明保証させる事項を列記するのではなく、別紙形式で列記することもある。

　ただし、契約当事者双方にとってすでに明らかになっている事項が、一般的なひな型に定められる表明保証事項のままでは、表明保証時点において表明保証違反となっている場合がある（たとえば、建物の一部について違法建築となっているような場合）。このような場合は、例外を設け、当該事項に関しては、表明保証違反を構成しない旨の追記をすることもある（記載方法については記載例を参照のこと）。

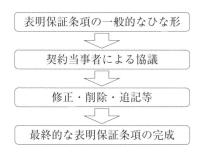

(3) 対象事項をどのように表明保証するか

㋐ 表明保証条項における主観的要素

表明保証条項を設ける場合であっても、表明保証をする側の主観的要素（た

91

とえば、知・不知等）を考慮するか否かが問題となることが多い。

　これは、仮に、客観的に表明保証事項に抵触する事実の存在が明らかとなった場合に直ちに表明保証条項違反となり、契約が解除されたり損害賠償されたりすることとなると、表明保証をする側にとって不測の損害等を被ることがあるからである。

　このような事態になることを回避するために、表明保証事項について、表明保証をする側の主観的要素を考慮することになるのである。

　たとえば、表明保証をする側の「知る限りにおいて」表明保証事項が真実かつ正確である旨、または、当表明保証をする側の「知り得る限りにおいて」表明保証事項が真実かつ正確である旨を表明保証条項に記載する場合がある。なお、「知る限りにおいて」とは知・不知の問題であって表明保証する側の純粋な主観にかかわるものであるが、「知り得る限りにおいて」とは表明保証をする側に当該事実の真実かつ正確であることについて調査義務を課しているものであって、「知る限りにおいて」と比較すると表明保証をする側が表明保証条項違反として責任を負う範囲が広がることとなる。

　しかし、これらの主観的要素による表明保証条項違反の限定は、すべての表明保証事項に及ぶものではなく、表明保証をする側に関する事項（たとえば、当該当事者が日本法に従い有効に設立された株式会社である等）については、これらの限定を付することはなく、それ以外の事項についても個々にこれらの限定を付するか否かを検討することとなる。

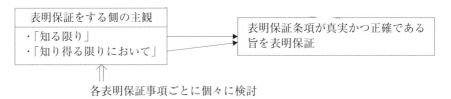

(イ)　表明保証条項における客観的要素

　表明保証事項については、一般的に詳細に記載されることが多いが、仮に表明保証違反が明らかになった場合であっても、その違反が及ぼす契約目的に対

する影響が軽微なものもあれば、重大なものもあり、多種多様である。

　軽微な表明保証違反の場合にも、必ず、契約解除および損害賠償の効果が発生することになると、表明保証をする側に酷となる場合があり得る。

　したがって、このような事態を回避するため、当該表明保証違反が重大な場合に限って、契約解除および損害賠償を認めることがある。

　また、表明保証事項に違反する事象が存在する場合に、当該事項について表明保証をさせるものの、表明保証条項違反とならないとするために、別紙において例外的に当該事項は表明保証違反とならない旨の定めをし、表明保証条項違反とならないように手当する場合もある。

表明保証条項における客観的要素

・重大な場合に限って契約の解除および損害の賠償を認める
・表明保証条項に違反する事象が存在する場合には、例外として、表明保証条項
　違反とならないこととする

　(ウ)　表明保証事項とする時点
　表明保証については、どの時点において表明保証させるかということも問題となる。

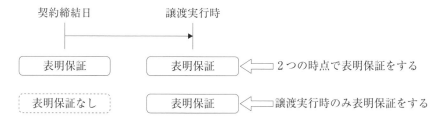

　契約締結日および譲渡実行日が異なる場合は、両方の時点において表明保証をすることが多いが、契約締結日現在においては当該事項の表明保証をすることができない場合もあり（要するに契約締結日現在においては表明保証違反の状態となっており、譲渡実行日までに是正措置をとって表明保証違反の状態を解消することがある）、このような場合は譲渡実行日のみの時点の表明保証となることもある。このような場合は、当該表明保証事項に限り、表明保証する時点を譲渡実行日に限定する旨の文言が追記される。

　　㈔　表明保証条項違反に基づく責任を負う期間

　表明保証条項違反については、契約解除および損害賠償の効果を発生させることが多いが、表明保証をした側にとって、責任を負う期間が長期にわたる可能性があり、その場合は過重な負担となる。

　したがって、表明保証条項違反による契約解除および損害賠償を請求できる期間を一定期間（たとえば、譲渡実行日から1年に限る等）に限定する場合がある。

　この期間については、表明保証する側はこの期間をできる限り短くすることを希望する一方、表明保証される側はこの期間をできる限り長くすることを希望するのが普通である。

Ⅱ　表明保証条項

1　表明保証条項の具体的文例

⑴　総　論

　当該表明保証事項をどういう形式において、表明保証をするかについては、すでに述べたとおり、①表明保証条項における主観的要素、②表明保証条項における客観的要素、③表明保証事項とする時点、④表明保証条項違反に基づく責任を負う期間という各検討項目がある。

　下記各条項例は甲側の表明保証条項を前提としており、かつ、表明保証事項および表明保証違反とならない例外事項をいずれも別紙に記載することを前提とした条項例としている。なお、本項において、「甲」とは、各譲渡契約における売主、金銭消費貸借契約における借入人、業務委託契約における受託者を意味し、「乙」とは、各譲渡契約における買主、金銭消費貸借契約における貸付人、業務委託契約における委託者を意味する。

⑵　売主に有利な文例

（表明保証）

> 第○条　甲は、乙に対し、別紙●に記載の各事項が、本契約締結日及び実
> 行日において、<u>重要な点において真実かつ正確であること</u>を表明し
> 保証する。但し、別紙○に記載のある事項については表明保証違反
> に該当しないものとする。
>
> 　　また、本条項に定める表明保証違反に係る第○条に定める契約の
> 解除及び第○条に定める損害の賠償については、<u>実行日から１年間
> に限り、且つ、合理的な理由を記載した書面をもって請求した場合
> に限り</u>、これを行使することができるものとする。

※１　表明保証事項を重要なものに限定した。
※２　表明保証条項違反に対する契約解除および損害賠償ができる期間および方式
　　を限定した。

(3)　買主に有利な文例

> （表明保証）
>
> 第○条　甲は、乙に対し、別紙●に記載の各事項が、本契約締結日及び譲
> 渡実行日において、<u>真実かつ正確であること</u>を表明し保証する。<u>但
> し、別紙○に記載のある事項については表明保証違反に該当しない
> ものとする。</u>

※３　表明保証事項について重要であるか否かを問わない形式とした。
※４　表明保証条項違反に対する契約解除および損害賠償ができる期間を限定しな
　　い形式とした。

(4)　折衷的な文例

> （表明保証）
>
> 第○条　甲は、乙に対し、別紙●に記載の各事項が、本契約締結日及び譲
> 渡実行日において、重要な点において真実かつ正確であることを表
> 明し保証する。但し、別紙○に記載のある事項については表明保証
> 違反に該当しないものとする。
>
> 　　また、本条項に定める表明保証違反に係る第○条に定める契約の

解除及び第○条に定める損害の賠償については、譲渡実行日から 2
年間に限り、且つ、書面をもって請求した場合に限り、これを行使
することができるものとする。

※ 5　表明保証条項違反に対する契約解除および損害賠償ができる期間を限定した
　　　が、売主に有利な条項例に比較し当該期間を延長した。

※ 6　書面による請求のみを必要とし、合理的な理由を不要とした。

2　表明保証事項に関する条項例

(1)　総　論

　表明保証事項については、一般的なひな形として、①契約当事者にかかる表
明保証事項、②対象物等に係る表明保証事項に区分できるため、以下それぞれ
についてひな型を記載する。

　また、表明保証事項については、個々の事案によって、一般的なひな形から
追記または削除することが多く、典型的な例をあげるにとどめておく。そして、
一部の表明保証事項には、「知り得る限り」(表明保証条項における主観的要素)
の留保を付した。これは、一般的に、当該表明保証事項には当該留保を付すか
否かが検討されることが多いため、留保をする条項とした(必ず付されるわけ
ではないので注意を要する)。

(2)　契約当事者にかかる表明保証事項(なお、契約当事者が株式会社である
　　　ことを前提としている)

　契約当事者にかかる表明保証事項は、各譲渡契約および業務委託契約の場合
は、契約当事者双方が表明保証することが多く、金銭消費貸借契約の場合は借
入人のみが表明保証することが多い。また当事者双方が表明保証する場合は全
く同じ文言であることが多い。

　下記のひな型は、単に表明保証する側を「甲」と表記している。

(ｱ)　各譲渡契約、金銭消費貸借契約、業務委託契約に共在の条項

(1)　行為能力
　　甲は、日本法に基づき適法に設立され、有効に存続する株式会社で

ある。甲は、本契約を締結し、これに基づく権利を行使し、義務を履行する権利能力及び行為能力を有する。

(2) 社内手続

甲は、本契約を締結し、これに基づく権利を行使し、義務を履行するために、法令、定款及び社内規則等に基づき必要な一切の内部手続を適法かつ適正に完了している。

(3) 適法性

本契約を甲が締結し又は甲がこれに基づく権利を行使し、若しくは義務を履行することは、甲に対して適用のある一切の法令、定款及び社内規則等又は甲を当事者とする契約の違反又は債務不履行事由とはならない。

(4) 有効な契約

本契約の締結に関し、甲の意思表示には何らの瑕疵もない。また、本契約は、その条項に従って執行可能な甲の適法かつ有効な拘束力を有する契約を構成する。

(5) 訴訟等

甲を被告、債務者、被申立人その他手続の相手方又は対象として係属中の訴訟、保全手続、強制執行手続、調停、仲裁、その他の司法又は行政手続であって、甲による本契約の締結及びその履行並びに本契約において企図される取引の実行に関連して、又はこれらに悪影響を及ぼすものは存在せず、それらが提起され又は開始されるおそれはない。

(6) 財務状態

甲について、破産手続開始、民事再生手続開始、会社更生手続開始その他これに類する倒産手続の申立てはなされていない。また、甲は、債務超過、支払不能又は支払停止の状態になく、かつ本契約の締結及び履行によって債務超過の状態に陥らない。また、甲の重要な財産に対する差押え、仮差押え、保全差押えその他甲の財務状況又は信用状況に重大な影響を及ぼすおそれのある事由は発生していない。

(7) 反社会的勢力

　　甲は、(i)反社会的団体及び集団等、集団的又は常習的に暴力的不法行為等を行うことを助長する虞のある団体若しくは当該団体の構成員又はこれらの者と取引があると判断される者、(ii)無差別大量殺人行為を行った団体の規制に関する法律（平成11年法律第147号）に基づき処分を受けた団体に属している者もしくは当該団体又はこれらの者と取引があると判断される者、(iii)暴力団員による不当な行為の防止等に関する法律（平成3年法律第77号、その後の改正を含む。）第2条で定義される暴力団、指定暴力団、指定暴力団連合、暴力団員若しくはこれらの関連者、及び(iv)上記(i)乃至(iii)に該当する者を親会社その他の関連会社として有する者ではない。

(イ)　各譲渡契約に特有の条項

なお、下記のひな型の「甲」は売主を意味する。

(8)　真正譲渡

　　本物件[7]の売却に関して、甲は真正な売却とする意図を有しており、本物件を担保に供するとの意図はない。甲は、かかる本物件の真正な売買による譲渡に関し、適切な社内手続を全て行っており、これと矛盾する手続を行っていない。

(9)　債権者を害する処分の不存在

　　本契約による本物件の売買、売買代金による債権者への弁済、その他本契約に関して予定されている一切の行為は、本物件又は売買代金について隠匿、無償の供与その他甲の債権者を害するおそれを現実に生じさせるものではない。本契約の締結は、否認又は詐害行為（信託法及び民法に基づくものを含む。）の対象とならない。

※7　本物件とは例示であって、対象物を意味する。

(ウ)　業務委託契約に特有の条項

なお、下記のひな型の「甲」は委託者、「乙」は受託者を意味する。

> (8)　乙は、本件業務を行うために必要な行政機関等の許認可、同意、通知、登録、届出その他の行為が必要とされる場合には、全てこれを取得し又は履践しており、業務停止又は免許取消し等の処分又は通知はなされていない。
>
> (9)　乙は、本契約に基づき、かつこれに従い甲に本件業務を提供する上で、○○の管理及び処分を適正に遂行するに足りる財産的基礎及び人的構成を有する。

(3)　対象物等にかかる表明保証事項

対象物等にかかる表明保証事項は多種多様にあるため、本号では、㋐対象物が不動産である場合と、㋑対象物が株式である場合の二つのひな型を記載する。

㋐　対象物が不動産である場合の表明保証条項

下記のひな型の「甲」は、不動産（不動産・建物）の所有者を意味する。なお、下記のひな型は不動産の売買契約または不動産を責任財産とする金銭消費貸借契約のいずれにも使用することができる。

> (1)　本件不動産[8]に対する権利
>
> 　　甲は、本件不動産に関して、担保権、賃借権、地上権、永小作権、その他の利用権、地役権その他の制限物権、差押え、保全処分、先買権等（これらと実質的に同等若しくは類似の効果を生じるものを含む。）一切の制限又は法的負担の存在しない完全な所有権を有している。
>
> (2)　本件不動産に関する訴訟等
>
> 　　本件不動産に関して甲の本件不動産に係る所有権の完全な権利行使を阻害するような判決、決定、命令、裁判上の和解、仲裁裁定、その他裁判と同等の効力を有するものはなく、甲の本件不動産に係る所有権の完全な権利行使を阻害するような訴訟その他の司法手続若しくは行政手続は係属しておらず、また、甲の知り得る限り、かかる訴訟その他の司法手続若しくは行政手続が提起若しくは開始されるおそれもない。

(3)　建築関連法令

　　本件建物[9]は、建築当時の建築に関する一切の法令（建築基準法及び条例を含むが、これらに限定されない。以下同じ。）を遵守しており、かつ、政府機関、裁判所その他の第三者から当該法令に違反している旨又は当該法令に違反するおそれがある旨の通知又は連絡を受けたことはない。本件不動産につき行政機関から、命令、指導又は勧告を受けたにもかかわらず必要な是正又は解決措置がとられていない事項はない。本件不動産の現在の利用は、重要な点で、全ての適用のある法令を遵守している。

(4)　境　界

　　本件土地[10]について、隣接地所有者との間で境界は現存する境界標に従ったものであることにつき確認する書類を相互に取り交わしており、隣地との境界に関する争いはなく、本件建物又はその付加一体物による隣地への不法な侵害はなく、かつ、本件土地に対する隣地の建物又は構造物による不法な侵害は存在しない。本件土地の境界について、隣接する不動産の所有者又は占有者との間で、訴訟、調停、仲裁その他の法的手続又は紛争解決手続は一切存在せず、甲の知り得る限り、そのおそれもなく、甲は、かかる境界につき、隣地の所有者又は占有者からクレーム、異議、不服申立て、苦情を受領していない。

(5)　本件土地に関する公法的規制

　　本件土地が、都市計画道路、都市計画法上の土地区画整理事業又は市街地再開発事業、若しくは土地収用法上の土地収用の対象となっておらず、かつ、その予定もない。

(6)　環　境

　　本件不動産の如何なる部分においても、本号に基づく表明及び保証を行った時点の法令により許容される範囲を超える特定有害物質、禁止有害物質又は価値減損有害物質は一切存在しない。甲の知り得る限り、本件不動産の如何なる部分も産業廃棄物を処理・処分する事業、又は特別管理産業廃棄物を排出する事業に利用されたことはなく、また特定有害物質、禁止有害物質又は価値減損有害物質の保管、製造、

加工又は処分のために利用しておらず、その予定もない。本件不動産
に関し、政府機関、裁判所又は第三者から、本号に基づく表明及び保
証を行った時点の環境に関する法令（条例を含む。）に違反し又は違反
するおそれがある旨の通知又は連絡が甲になされたことはない。なお、
「産業廃棄物」及び「特別管理産業廃棄物」とは、本号に基づく表明
及び保証を行った時点の廃棄物の処理及び清掃に関する法律において
定義された語と同一の意味を有するものとする。本号において「特定
有害物質」とは、表明及び保証を行った時点の土壌汚染対策法におい
て定義された語と同一の意味を有するものとし、「禁止有害物質」と
は、表明及び保証を行った時点の日本国の法令上その使用が禁止、制
限その他の方法により規制されている物質をいい、「価値減損有害物
質」とは、本件土地の所有、使用、改良（建物の改装、改修、改築若し
くは取壊しを含むが、これらには限定されない。）又は譲渡が行われる場
合に、当該物質に関して表明及び保証を行った時点の日本国の法令上
適用ある規制を遵守し又は表明及び保証を行った時点の日本国の法令
上負担するおそれのある責任を回避するために、多大な費用、義務又
は制限を負うこととなる物質をいう。

(7) 本件不動産に関する適法性

本件不動産の管理、占有、利用等に関する適用法令（公害規制及び
環境保全に関する法令並びにこれらに関する条例を含むがこれらに限られ
ない。）の違反は存在しない。本件不動産に関して必要な許可、認可、
届出等政府機関に行うべき重要な手続は、すべて適法、かつ、有効に
完了している。

(8) 本件不動産に関する制約・制限及び不具合の不存在

本件不動産に関して、上記第1号から第7号記載の事項のほか、本
件不動産に関する権利行使を阻害する法的制約・制限又は物的不具合
は存在しない。本件不動産につき第三者による保全処分、強制執行又
は競売等の申立、又は保全差押若しくは滞納処分が行われていない。

(9) 近隣対策

甲の知り得る限り、本件不動産に隣接する不動産の所有者又は占有

者との間で、本件不動産の管理又は価値に悪影響を及ぼす、近隣対策に関わる紛争（軽微なものは除く。）は生じておらず、又はすべて解決されている。

(10)　賃貸借契約[11]

(a)　本件不動産に係る賃貸借契約（以下「本テナント賃貸借契約」という。）の内容は既に提出済の同契約の写しにそれぞれ記載のとおりであり、本テナント賃貸借契約を除いて、本件不動産に関する賃貸借契約その他の契約・合意は交わされてない。

(b)　いずれの本テナント賃貸借契約の賃借人（以下「テナント」という。）も、１ヶ月分を超える賃料を前払いしておらず、いずれの本テナント賃貸借契約の下における賃料も放棄若しくは免除、又は和解による減額がなされていない。

(c)　本テナント賃貸借契約の下における契約当事者の義務は重要な点においてすべて履行されており、義務履行の前提条件もすべて遵守、履行されており、本テナント賃貸借契約における契約当事者において賃料不払等の金銭債務及びその他の債務不履行の事実はない。

(d)　いずれの本テナント賃貸借契約についても解除又は解約の原因は存在していない。また、テナントから賃料減額請求若しくはその他賃貸借条件変更の申し入れ、解約（解除）通知又はその他本テナント賃貸借契約の終了に関する通知を受領しておらず、また、その予定もない。本テナント賃貸借契約に関して判決、決定、命令又は裁判上の和解はなく、また本テナント賃貸借契約に関連し、訴訟その他の法的手続、紛争解決手続又は行政手続が、裁判所その他の紛争解決機関又は政府機関に係属しておらず、係属するおそれもない。

(e)　いずれの本テナント賃貸借契約も有効であり既に開示済みのものを除き、いかなる点においても譲渡、変更、補足又は修正されていない。

(f)　甲の知り得る限り、テナントにつき、支払停止又は破産手続開始、民事再生手続開始、会社更生手続開始、特別清算開始若しくは特定調停の申立てその他これらに類似する手続の申立てがなされていな

　　　　い。テナントの中に反社会的勢力はいない。

　(g)　甲の知り得る限り、テナントが本テナント賃貸借契約に基づいて
　　　有する敷金等の預り金返還請求権に対して差押え、仮差押え又は保
　　　全差押えの命令は発令されていない。

　(h)　甲の知る限り、テナントは、必要費・有益費償還請求権又は造作
　　　買取請求権を甲に対して有しておらず、その原因も発生していない。
　　　また、甲の知る限り、テナントは、本テナント賃貸借契約に基づく
　　　賃借権を譲渡しておらず、また転貸を行っていない。

⑾　情報の正確性

　　本契約に記載される情報及び本契約により企図される取引に関連し
　て甲が提供した資料又は情報は、全て真実かつ正確であり、重要な事
　項又は誤解を生じさせないために必要な資料又は情報の提供を欠いて
　いない。ただし、本契約締結前に甲が提供した資料又は情報と、本契
　約に記載される情報との間において条項、条件、内容等に齟齬がある
　場合は、本契約のものが優先される。

※8　本件不動産とは、契約対象となる土地および建物の総称である。
※9　本件建物とは、契約対象となる建物を意味する。
※10　本件土地とは、契約対象となる土地を意味する。
※11　本件不動産がいわゆる収益物件であるような場合は、本号のような表明保証
　　条項が入る。

　㈡　対象物が株式の場合の表明保証事項

　下記のひな型の「甲」は売主を意味し、「乙」は買主を意味する。また、表
明保証条項の内容は対象物である株式に関するものと、当該株式の発行会社に
関するものとに区分し表明保証するのが一般的である。

(1)　本件株式に関する事項

①　対象会社[12]の発行可能株式総数は、××株であり、そのうち発行済
　株式総数は×株であって、その全てが適法かつ有効に発行され、全
　額払込済みの普通株式であり、当該株式を表象する株券は発行され

ていない。

② 　譲渡日現在、対象会社の株主は甲のみである。そのほか、対象会社の株式、新株予約権、新株予約権付社債、新株引受権付社債、転換社債、オプション、株式関連証券その他株主及びその資本構成に変動を及ぼす証券若しくは権利又はこれらを取得する引受権その他の証券若しくは権利は存在せず、これらの証券若しくは権利の発行、予約権、引受権の付与若しくは権利の許諾をする旨の契約等若しくは対象会社の決議等は存在しない。

③ 　甲は、本件株式を適法かつ有効に保有する実質上かつ株主名簿上の株主である。本件株式には、譲渡担保権、質権その他の担保権、請求権、オプション又はこれらに類する一切の負担又は制約は存在しない（但し、対象会社定款第○条に定める株式譲渡制限を除く。）。甲は、本件株式の帰属等に関連して第三者から何らの請求及び主張も受けておらず、そのおそれもない。甲と第三者との間で、本件株式に係る株主としての権利（議決権の行使を含むが、それに限られない。）に関する契約は一切存在しない。

④ 　乙は、クロージングにより、対象会社の発行済株式全ての完全な所有権を何らの負担なく適法かつ有効に取得することができる。

(2)　対象会社に関する事項

① 　対象会社は、日本法に基づき適法かつ有効に設立され、存続している株式会社であり、現在行っている事業を行うために必要な権限及び権能を有している。

② 　本契約の締結及び実行は、(ⅰ)対象会社に適用のある一切の法令、省令、命令、条例、規則、通達又は行政指導（以下「法令等」という。）に違反するものではなく、(ⅱ)対象会社の定款その他の社内規則に違反するものではなく、(ⅲ)対象会社が当事者となっている重要な契約について、当該契約等に係る解除・解約・取消・終了事由、要承諾事由、禁止事由、期限の利益喪失事由若しくは債務不履行事由、又は通知、時間の経過若しくはその双方によりこれらの事由に該当することとなる事由（以下「デフォルト事由」という。）を構成

するものではなく、(iv)対象会社に対する裁判所、仲裁人、仲裁機関、監督官庁その他の司法機関・行政機関及び自主規制機関（以下「司法・行政機関等」という。）の判決、決定、命令、裁判上の和解、免許、許可、認可、通達、行政指導、ガイドライン（以下「判断等」という。）に違反するものではなく、かつ、(v)対象会社の事業又は資産に対して担保権、オプション、担保類似の権利又はその他の負担を生ぜしめる結果となるものではなく、また第三者にこれらを設定する権利を付与するものではない。

③　対象会社は、支払停止に該当する行為を行っておらず、破産手続開始、会社更生手続開始、民事再生手続開始、特別清算開始又はその他の法的倒産手続の原因となる事実もなく、私的整理ガイドラインに基づく私的整理手続が開始されるおそれもない。対象会社は、本契約の締結及びこれらの定める義務の履行並びにこれらにおいて企図されている取引の実行により支払不能若しくは債務超過に陥り又はそのおそれを生ずることもない。

④　対象会社の子会社は存在しない。また、対象会社は、その他事業又は投資を行う会社、組合、団体又は事業体の株式等の持分を有しておらず、また、これらの構成員になっていない。

⑤　対象会社の令和○年○月○日現在の貸借対照表（以下「本貸借対照表」という。）及び本貸借対照表の基準日を決算日とする事業年度に係る損益計算書（以下、本貸借対照表を含め「本財務諸表」と総称する。）は、日本において一般に公正妥当と認められている会計基準及び会計慣行に従い適法に作成されており、対象会社の資産、負債及び損益の状況を適正に表示している。日本において一般に公正妥当と認められている会計基準及び会計慣行により、本財務諸表に連結し又は持分法の適用が要求される財務諸表は存在しない。

⑥　対象会社は、法令で定めるところにより、適時に正確な会計帳簿を作成しており、会計帳簿の閉鎖の時から10年間、その会計帳簿及びその事業に関する重要な書類を保存している。対象会社の株主総会及び取締役会の議事録は法令に従い作成され、保存されている。

⑦　本貸借対照表に計上された金銭債権に、支払期限を超えて滞留しているものはない。本件貸借対照表に計上された有形固定資産はすべて実在し、遊休資産でない。本貸借対照表の基準日以降、対象会社は、通常の業務範囲の過程において生じる資産の売却を除き、重要な資産の処分を行っておらず、その資産処分に関連して担保責任その他の責任を負担していない。

⑧　本貸借対照表において負債として計上された債務及び本貸借対照表の基準日以降に通常の業務範囲の過程において生じた債務（以下これらを「本債務」という。）を除き、対象会社には、何らの債務（保証債務、偶発債務及び簿外債務を含み、対象会社に知れている債務か否か又は支払期限が到来しているか否かを問わない。）も存在しない。対象会社は、本日現在、弁済期限の到来した債務をすべて支払済みであり、いかなる債権者に対しても支払を遅滞していない。対象会社は、本日以前に納付期限が到来した対象会社に課せられた法人税その他の公租公課につき適法かつ適正な申告を行っており、すべて支払済みである。

⑨　本貸借対照表の基準日以降、対象会社は、その事業を通常の業務範囲の中で行っており、対象会社の事業、資産、負債、財務状態、経営成績、若しくは損益の状況又はそれらの見通しに重大な悪影響を及ぼす可能性のある事由又は事象は発生していない。

⑩　対象会社がその事業に関して締結している契約であって、対象会社が事業を従来どおり継続するために必要となるもの（以下「事業関連契約」という。）は、すべて適法かつ有効に締結されており、かつ、その条項に従い各契約当事者に対して法的拘束力を有し、執行可能である。事業関連契約について、対象会社又は相手方によるデフォルト事由は一切生じていない。事業関連契約について、訴訟、仲裁、調停、仮差押え、差押え、保全処分、保全差押、滞納処分、強制執行、仮処分、その他裁判上又は行政上の手続（以下「訴訟等」という。）は一切生じておらず、また、対象会社の事業の遂行に重大な支障となるクレーム、異議、不服及び苦情（以下「クレーム等」

という。）も一切生じていない。事業関連契約について、司法・行政機関等の判断等は一切生じていない。対象会社が当事者である契約で、競業避止義務、独占販売権の設定、事業領域制限その他対象会社がその事業の全部又は一部を遂行することを実質的に禁止又は制限する規定を含む契約は存在しない。

⑪　対象会社は、その事業の遂行に必要な知的財産権（以下「本知的財産権」という。）を全て適法かつ有効に保有し、又はこれを適法に使用する権利を有している。本知的財産権につき、第三者に対する担保権は設定されておらず、訴訟等、クレーム等、司法・行政機関等の判断等その他本知的財産権の対象会社による保有又は使用を妨げる事由は存在せず、甲の知り得る限りそのおそれもない。対象会社は、現在又は過去において、第三者の知的財産権を侵害し、若しくは不正競争防止法・秘密保持契約その他類似の契約に違反しておらず、また、侵害し、若しくは違反しているとの主張を第三者から受けておらず、そのおそれもない。

⑫　対象会社は、対象会社がその事業を遂行するために必要な資産（知的財産権を除く。以下本号において同じ。）を適法かつ有効に所有し、又は適法に使用する権利を有している。かかる資産は、適切に維持又は修繕されており、通常の業務過程において何ら支障なく稼動しているか、又は現行の態様での使用に適した状態である。対象会社が所有する資産について、担保権は設定されておらず、訴訟等、クレーム等、司法・行政機関等の判断等その他対象会社による現行の態様での使用を重要な点において制限し又はその支障となる事由は存在せず、甲の知り得る限りそのおそれもない。

⑬　対象会社は、その事業の運営に必要となる司法・行政機関等からの許可、認可、免許、登録、届出、検査確認、承認等を取得し、司法・行政機関等に対する報告・届出等その他法令等に基づく手続をすべて法令等の規定に従い適法かつ適正に履践している。対象会社は、その事業の運営に適用ある一切の法令等につき、その事業の運

> 営に重要な影響を及ぼすおそれのある違反を行っていない。

※12　対象会社とは譲渡対象物である株式を発行する会社を意味する。

《コラム・デューデリジェンス》

　契約書において、表明保証条項を設ける場合に、契約書締結の前提として、デューデリジェンス（以下、「DD」という）を行うことが多い。このDDにおいて譲渡対象物等の問題事項の洗い出しが行われ、問題事項の内容いかんによっては、契約締結に至らず、終わることもあり得る。ただし、当該問題事項が一定の時間と労力をかければ解消できる場合は、いついつまでに問題を解消させる旨の誓約をしてもらったうえで、契約締結をすることもあり得る。いわゆるポスクロ事項（Post Closing Item）を設けて、契約締結をする場合である。

　このポスクロ事項にかかる対応については、ポスクロ事項が完了するまでは代金の一部を留保するとか、ポスクロ事項が完了しない場合は、解除事由となる等の対応があり得る。

第8章　秘密保持に関する条項

Ⅰ　チェックポイント

1　本条項の要否を検討すべき契約類型

(1)　秘密保持に関する条項の必要性

　契約関係に基づいて一方当事者（以下、「開示当事者」という）から他方当事者（以下、「受領当事者」という）に対して、開示当事者の保有する情報（以下、「開示情報」という）が開示される際、受領当事者に、法律上、守秘義務等が課せられている場合を除き、受領当事者は当然に開示情報に関して秘密保持義務を負うものではない。

　そのため、開示当事者として、受領当事者による開示情報の取扱いについて第三者への開示を禁止する等の一定の制約を課す必要がある場合には、特定の契約類型に限らず、秘密保持に関する条項を定めることが必要となる。

　また、契約当事者間において、契約の目的を達成するために、相互に一定の情報を開示することも多く、仮に開示情報が漏えいした場合、開示当事者にとって金銭的な補償では回復できない損害を被ることもあり得ることから、秘密保持に関する条項は多くの契約類型において定める必要性がある。

　さらに、株式譲渡契約や事業譲渡契約等の秘匿性が高い契約類型においては、契約当事者が情報の開示や具体的な交渉に入る前に、秘密保持に関して合意する必要性が高い。

秘密保持に関する条項	⇒	特定の契約類型に限らず、多くの契約類型で定める必要性がある

(2) **本条項を定める必要性が高い契約類型**

開示当事者の内部情報や営業秘密、技術上の情報等といった機密性の高い情報が受領当事者に開示される契約類型の場合には、秘密保持に関する条項を定める必要性が高く、その内容も重要となる。

また、秘密保持に関する条項の内容を検討する際には、①契約当事者が、相互に、情報を開示し合う関係にあるのか、それとも、②もっぱら開示当事者が、受領当事者に対し、機密性の高い情報を開示する関係にあるのかが重要な視点となる。

たとえば、①共同開発を実施する内容の契約類型のように、相互に、機密性の高い情報を提供し合うことが予定されている関係にある場合には、契約当事者双方にとって公平な内容の条項を定めることになる。他方、②自社の製品開発を委託する内容の契約類型のように、もっぱら開発を委託する当事者（開示当事者）の機密性の高い情報が、開発を受託する当事者（受領当事者）に開示される関係にある場合には、委託者（開示当事者）としては開示情報ができるだけ保護される方向で秘密保持に関する条項を定めることを要求する一方で、受託者（受領当事者）としては秘密保持に関する義務を限定することを要求するという関係にある。

---

①相互に情報を開示し合う関係　　②もっぱら一開示当事者のみが開示

公平な内容　　　　　　　　　　開示当事者に有利な内容
　　　　　　　　　　　　　　　受領当事者に多く義務が課される

2　保護の対象となる「秘密情報」の範囲・例外の定め方

(1) 「秘密情報」の範囲

　(ア)　開示当事者と受領当事者の関係

開示当事者から受領当事者に開示される開示情報のうち、どの範囲で秘密情報として保護の対象とするのかを決定するのが、秘密情報の範囲（秘密情報の定義）の問題である。そして、秘密情報の範囲が広いほど、開示情報が秘密情

報として保護される範囲が広くなるため、開示当事者にとっては有利といえ、その一方で、受領当事者にとっては秘密情報として取扱いに関する義務を課される範囲が広くなるという関係にあり、秘密情報の範囲が狭い場合にはその逆の関係になる。

㈣　「秘密情報」の範囲の定め方

(A)　範　囲

秘密情報の範囲の定め方としては、大きく分けて二つの方法がある。一つは、①開示情報はすべて秘密情報とするという定め方であり、もう一つは、②開示情報のうち、秘密情報として保護の対象となることを明示した開示情報のみを秘密情報とするという定め方である。①のほうが、秘密情報として保護される範囲が広いことから、開示当事者にとっては、有利といえる。

さらに、株式譲渡契約や事業譲渡契約等の秘匿性が高い契約類型では、会社の事業や資産等に重大な影響を与えることから、検討を開始していることや取引の存在、契約を締結したこと自体を秘密情報とすることも多い。

(B)　明示の方法

上記②の場合、明示の方法としては、書面や電子的記録の場合には「厳秘」「守秘」といったように秘密情報の対象となる旨を書面上に明示する方法が考えられ、口頭の場合には、以下の文例のように(i)口頭で伝える際に秘密情報となる旨を伝える方法や、(ii)口頭で伝えた後に一定の期間内に書面で秘密情報であることを確認する方法が考えられる。

〈文例1〉
　「秘密情報」とは、受領当事者に開示される情報であり、かつ、開示時に秘密である旨を書面で明示し又は秘密である旨を口頭で明示した情報をいう。

〈文例2〉

「秘密情報」とは、受領当事者に開示される情報であり、かつ、開示時に秘密である旨を書面で明示し又は秘密である旨を口頭で明示した情報をいう。なお、「秘密情報」である旨を口頭で明示した場合は、その開示後7日以内に秘密情報の内容を書面または電子メールで通知しなければならない。

(C)　留意点

上記②(i)の方法の場合、秘密情報の対象となるか否かが必ずしも明らかではないことや後日、秘密情報に含まれるか否かをめぐって係争になる可能性はあるが、他方で、上記②(ii)の方法のように必ず書面での確認を必要とすると、口頭で多くの情報がやりとりされるような場合には秘密情報の特定の手続が煩雑になることもある。ただし、秘密情報の範囲について書面で明確にすることが望ましいと考える。

(D)　まとめ

秘密情報の範囲の定め方や特定の方法については、契約類型ごと、開示情報の秘匿性や種類等を考慮のうえ、取引実務に支障がない定め方や特定の方法を選択することが肝要である。

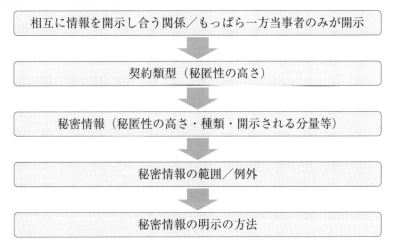

(2)　「秘密情報」の例外

(ア)　「秘密情報」の例外を定める必要性

　受領当事者は、秘密情報に関して秘密保持義務を負うことになるため、秘密情報の範囲が広い場合、受領当事者にとっては、自らの事業活動を制限する結果となることもあり得る。たとえば、受領当事者がすでに保有していた情報と同じ情報が開示され秘密情報として秘密保持義務を負うことになった場合、受領当事者は、目的外利用としてすでに保有していた情報を自らの事業活動に利用することができなくなってしまうという不都合が生じる。

　そこで、一定の場合を秘密情報の例外として定めることが一般的である。

```
┌─────────────────────────┐
│          秘密情報          │
│        ╭────────╮        │
│        │  例外事由  │        │
│        ╰────────╯        │
└─────────────────────────┘
```

(イ)　「秘密情報」の例外の定め方

(A)　例外事由

　以下に例示するような一定の情報については秘密情報の例外として定めることが一般的といえる。

> ①　開示の時点ですでに公知の事実となっている情報
> ②　受領当事者が開示当事者から開示される以前から保有していた情報
> ③　受領当事者の責めに帰すべき事由によらないで公知の事実となった情報
> ④　受領当事者が第三者から正当な理由に基づいて取得した情報
> ⑤　受領当事者が秘密情報に依拠せず、独自に取得した情報

(B)　例外事由への該当性に関する定め

　上記(A)で定めるような秘密情報の例外事由に該当するか否かが必ずしも明らかでない場合もあるため、秘密情報の例外に該当することを受領当事者が立証することを条件とする等、例外事由のほか立証責任の点について定める場合もある。

　たとえば、上記①から⑤について、「証明できた場合に限る」といった限定を付す場合がある。

　受領当事者に秘密情報の例外に該当することの立証責任を負わせるほうが、開示当事者にとっては有利な内容となる。

3　秘密保持義務の内容

(1)　中心的な義務

　秘密保持に関する義務のうち、中心的な義務は、目的外利用の禁止と第三者に対する開示禁止といえる。開示当事者としては、契約の目的を達成するために情報を開示している以上、秘密情報が当該契約を締結した目的以外に利用されることや受領当事者以外の第三者に開示され利用されることは想定していないと考えられるし、また、一度、目的外に利用された場合、または第三者に秘密情報が開示された場合には、開示当事者が被る不利益は大きく、回復が困難となることも少なくない。

(2)　その他の義務

　その他の義務としては、①安全管理措置に関する義務、②複製の制限に関する義務、③契約終了や開示当事者の求めによる秘密情報の返還や破棄に関する義務、④漏えい事故が発生した場合や行政庁や裁判所等から開示が求められた際の通知に関する義務等が定められる。

　秘密保持に関する義務としては、さまざまな内容が定められるが、一つの基準としては、開示当事者が、自らの秘密情報に関して、自らが実施している義務・内容と同程度の水準の義務・内容を受領当事者に対しても求めるということが考えられる。

(3)　秘密保持義務の主体と義務の範囲

　(ア)　契約当事者が秘密保持義務の主体であること

　秘密保持義務が契約に基づいて課せられる義務であることから、秘密保持義務を負う主体も契約当事者となる。

　ただし、契約主体が法人である場合には、実際に秘密情報を取り扱うのは、法人の役員や従業員等であるため、これらの者に関する秘密保持義務が定められることがある。たとえば、法人の役員や従業員等に開示する場合であっても必要最小限度の範囲に限定することを定めたり、役員や従業員等に対しても就業規則や誓約書等で守秘義務を課すことを定め、さらに、漏えいした場合にはすべて契約主体である法人が責任を負うことを定める場合がある。

　(イ)　第三者への開示が予定されている場合

　第三者に対し、秘密情報の開示が予定されている場合にも、常に開示当事者の事前に書面による承諾を必要とすると実務運用上、支障が生じることもあることから、あらかじめ一定の第三者に対しては、秘密情報を開示できるとすることがある。

　請負契約における再委託のように、受領当事者から第三者に対し、秘密情報の開示が予定されているような場合には、当該第三者への開示を認めるとともに当該第三者に対し受領当事者と同様の義務を課すことを求める場合がある。

　他方で、弁護士・会計士・税理士等の法令上の守秘義務を負う専門家に対して、取引を検討するうえで必要な限度で開示する場合やグループ会社間での利用が予定されている場合には、開示当事者の事前の承諾なく開示できる旨を定めることもある。

4　秘密保持義務の期間・終了

(1)　期　　間

　秘密保持義務が契約に基づいて発生する義務であることから、当該契約が終

了した場合には、秘密保持義務も消滅することになる。

　もっとも、受領当事者が、秘密情報に関して秘密保持義務を負う期間については、当該契約の契約期間中に限らず、契約期間終了後も一定期間は義務が存続することを定める場合もあり、さらに、契約類型によっては、契約終了後も一定の期間制限を定めず秘密保持義務を負うことを定める場合もある。

　一定の期間については、契約類型ごとによって異なるため、一律に定めることは難しいが、受領当事者の負担を考慮すれば、不必要に長期間、秘密保持義務を課すことが合理的とはいいがたい場合が多い。一つの基準としては、秘密情報がどの程度の期間の経過で陳腐化するか、言い換えれば、どの程度の期間が経過すれば、当該秘密情報が公表されても、開示当事者が不利益を被らないと考えられるかといったことを目安として、契約終了後 1 年間から 3 年間程度が定められることが多いと考えられる。

(2)　終了原因

　秘密保持契約を締結した目的を達成した場合、たとえば、研究開発を目的として秘密保持契約を締結した後、当該研究開発が終了したような場合に、秘密保持契約が終了することを定めることがある。

　また、秘密保持契約を締結した後に、たとえば、別途、取引基本契約を締結し、取引基本契約において秘密保持条項を定める場合にも、先行して締結した秘密保持契約については、取引基本契約の締結と同時に終了することを定めることがある。

5　秘密保持義務違反の効果

　受領当事者が、秘密保持義務に違反した場合、当該契約に基づく義務違反となるため、開示当事者としては、契約の解除や損害賠償といった手段を選択することが考えられる。

　しかし、たとえば、秘密情報が第三者に漏えいされた場合等においては、当該契約を解除したり、損害賠償請求をしたりするだけでは、開示当事者の保護としては不十分なこともある。また、秘密情報の漏えい元や漏えい原因を特定することは容易でないことも多く、受領当事者によって秘密情報が漏えいされたことの立証や漏えいした場合に開示当事者が被る損害の立証が困難となる場

合も容易に想定される。

　そのため、当該契約の解除や損害賠償に関する条項のほかに、秘密保持義務違反があった場合に、開示当事者の救済手段を定めておくことが必要となる。

　具体的には、秘密保持義務の違反行為の差止請求、損害賠償請求の際の違約金を定めることが考えられるが、これらの要件および効果を明確に定めておかないと差止めや損害賠償請求ができない事態が生じ得るため、条項として明確に定めることが肝要といえる。ただし、違約金の具体的な金額を定めることは一般的には多くないと考えられる。

秘密保持義務違反	→	損害賠償請求・解除
	→	違反行為の差止め・違約金の定め

　なお、「秘密情報」の管理の方法や違反の行為態様によっては、開示当事者は、不正競争防止法に基づいて受領当事者に対して是正措置を求めることも考えられる（本章コラム参照）。

6　個人情報保護法との関係

　開示当事者の開示情報の中に「個人情報」（個人情報の保護に関する法律（以下、「個人情報保護法」という）2条1項）が含まれる場合には、「秘密情報」として契約に基づく秘密保持義務のほかに、個人情報保護法に基づく義務を負うことになるため留意が必要である。特に、平成29年5月30日に改正された個人情報保護法が全面的に施行されたことや昨今の個人情報保護の意識が高まりを踏まえると、個人情報に関しては、慎重な取扱いが必要になると考えられる（なお、令和2年6月12日、「個人情報の保護に関する法律等の一部を改正する法律」が公布され、改正法の施行は一部を除き、公布後2年以内とされている）。

　そのため、契約においては、秘密保持に関する条項とは別に、個人情報に関する条項を定める場合もある。

Ⅱ　文　例

　文例としては、契約書の一つの条項として定める形式と受領当事者から開示当事者に差し入れる形式（誓約書形式）を例示した。

1　契約書の一つの条項として定める形式

(1)　一般的な文例（簡略版）

第○条　本契約において秘密情報とは、書面、口頭その他方法を問わず、相手方（以下「受領当事者」といい、情報を開示する当事者を「開示当事者」という。）に開示された、開示者当事者の営業上、技術上その他業務上の一切の情報をいう。

2　前項の定めにかかわらず、次のいずれかに該当する情報は秘密情報の対象としない。

(1)　受領時点で既に公知となっていた情報

(2)　受領後、受領当事者の責めによらずに公知となった情報

(3)　受領時点で既に受領当事者が保有していた情報

(4)　受領当事者が正当な権利を有する第三者から開示の制限を伴うことなく入手した情報

(5)　受領当事者が秘密情報を利用することなく独自に開発した情報

3　受領当事者は、秘密情報の管理に関して必要な措置を講ずるものとし、開示当事者の事前の書面による承諾を得た場合を除いて、第三者に開示してはならない。

4　受領当事者は、秘密情報について、本契約の目的の範囲内でのみ使用

するものとする。

5　受領当事者は、本契約が終了した場合又は開示当事者から請求された場合、速やかに秘密情報を開示当事者に返還又は廃棄するものとする。

（注）　秘密情報の定義・例外や基本的な秘密保持義務を定めた文例である。

(2)　一般的な文例

第○条　本契約において、秘密情報とは、相手方（以下「受領当事者」といい、情報を開示する当事者を「開示当事者」という。）に開示される情報であり、かつ、開示時に秘密である旨を書面で明示し又は秘密である旨を口頭で明示した情報をいう[1]。

2　前項の規定にかかわらず、次の各号のいずれかに該当するものは秘密情報に該当しない。

(1)　開示当事者から開示される以前に公知であったもの

(2)　開示当事者から開示された後に、自らの責めによらず、公知となったもの

(3)　開示当事者から開示される以前から自ら保有していたもの

(4)　正当な権限を有する第三者から秘密保持義務を負わずに知得したもの

(5)　開示当事者から開示された秘密情報によることなく、独自に開発したもの

3　受領当事者は、秘密情報については、善良なる管理者としての義務をもって管理するものとする。

4　受領当事者は、開示当事者の事前の書面による承諾を得た場合を除いて、秘密情報を第三者に対して開示してはならない。ただし、裁判所からの命令、その他法令に基づき開示が義務付けられる場合はこの限りでない。

5　受領当事者は、秘密情報を本契約を遂行する目的以外に利用してはならない。

6　受領当事者は、自らの役員及び従業員（以下「従業員等」という。）に

119

対し、本条において自己が負担する秘密保持義務を遵守させる義務を負うものとし、従業員等及び従業員等であった者による本条に定める義務の違反について、責任を負うものとする。

7　受領当事者は、本契約が終了した場合又は開示当事者から請求された場合、速やかに秘密情報を開示当事者に返還又は廃棄するものとする。ただし、法令により、保管が義務づけられる場合はこの限りではない。

8　本条で定める義務は、本契約終了後、2年間は存続するものとする。

※1　秘密情報の範囲（定義）について、開示情報のうち秘密情報として保護の対象となることを明示した開示情報のみを秘密情報とするという定め方である。

※2　一般的と考えられる期間を定めた。

2　受領当事者から開示当事者に差し入れる形式（誓約書形式）

(1)　詳細に定めた文例

秘密保持に関する誓約書

2020年○月○日

△△△株式会社　御中

株式会社□□□

代表取締役　　A

1　本書において秘密情報とは、本書の差し入れに至る経緯及び本書の存在並びに書面、口頭その他方法を問わず、相手方（以下「受領当事者」といい、情報を開示する当事者を「開示当事者」という。）に開示された、開示者当事者の営業上、技術上その他業務上の一切の情報をいう。

2　前項の規定にかかわらず、受領当事者が、次の各号のいずれかに該当することを立証した場合には、秘密情報に該当しないものとする。

(1)　開示当事者から開示される以前に公知であったもの

(2)　開示当事者から開示された後に、自らの責めによらず、公知となっ

　　　たもの

　⑶　開示当事者から開示される以前から自ら保有していたもの

　⑷　正当な権限を有する第三者から秘密保持義務を負わずに知得したも
　　　の

　⑸　開示当事者から開示された秘密情報によることなく、独自に開発し
　　　たもの

3　受領当事者は、開示当事者から提供された秘密情報を本契約を遂行す
　る目的以外に使用してはならない。

4　受領当事者は、開示当事者から開示された秘密情報を善良なる管理者
　の注意義務をもって厳重に保管及び管理するものとする。

5　受領当事者は、開示当事者から開示された秘密情報を、自己の役員又
　は従業員に開示する場合には、秘密情報を知る必要がある者に限り、そ
　の必要な範囲内でのみ開示するものとする。なお、この場合、受領当事
　者は、当該役員又は従業員に対して本書による自己と同等の義務を遵守
　させるものとし、かつ、当該役員又は従業員の行為について全責任を負
　う。

6　受領当事者は、事前に開示当事者から書面による承諾を得た場合を除
　き、秘密情報を第三者に開示又は漏洩してはならない。

7　受領当事者は、本契約を遂行するために秘密情報の取扱いを第三者に
　委託する場合、開示当事者の事前の書面による承諾を得た上で行うもの
　とし、また本条と同趣旨の秘密保持義務及び個人情報保護義務を受託者
　に課さなければならない。また、受領当事者は、本契約に基づく秘密保
　持義務の履行に関し、受託者の過失の有無にかかわりなく開示当事者に
　対して責任を負うものとする。

8　受領当事者は、法令等の定めるところに従い、裁判所その他の公的機
　関より秘密情報の開示を要求された場合には、当該要求に対応するため
　に必要最小限度の範囲において秘密情報を開示することができる。この
　場合、受領当事者は、当該要求を受けたことを開示当事者に速やかに書
　面で通知するものとし、開示当事者の秘密情報を保護するために必要な
　措置を可能な限り実施するものとする。

9　受領当事者は、事前に開示当事者から書面による承諾を得た場合を除き、秘密情報を複製しない。

10　受領当事者へ開示された全ての秘密情報は、開示当事者に帰属するものとし、開示当事者に対する秘密情報の開示により、特許権、商標権、著作権その他のいかなる知的財産権も譲渡されるものではなく、また、使用許諾その他いかなる権限も与えられるものではない。

11　受領当事者は、本契約の契約期間が満了したとき又は開示当事者から要求があったときは、秘密情報（第 9 項に基づき複製された場合はその複製物を含む。）及び秘密情報に関する要約、電磁的記録を含むすべての情報を開示当事者の指示に従い、返還又は破棄するものとする。受領当事者は、秘密情報を廃棄した場合には、開示当事者に対し、廃棄証明書を交付しなければならない。

12　秘密情報に、個人情報保護法に規定する個人情報が含まれる場合、個人情報保護に関する法令・ガイドライン等を遵守するものとし、個人情報への不当なアクセス又は個人情報の紛失、破壊、改ざん、漏洩等の危険に対して、技術面及び組織面において必要な安全対策をとるものとする。

13　開示当事者は、受領当事者の責に帰すべき事由により秘密情報が漏洩するおそれを知った場合又は秘密情報の秘密性が喪失され得るおそれがある場合は、受領当事者に対し、秘密情報の管理の状況を確認するとともに、秘密情報の秘密性が喪失しないよう回避措置を求めることができ、受領当事者は、直ちに、秘密情報の秘密性が喪失しないよう回避措置を採るものとする。

14　本誓約書に基づく義務は、本誓約書を差し入れたときから 3 年間存続するものとする。

15　受領当事者が本書の規定に違反した場合、開示当事者は直ちに当該違反行為を差し止めることができる。

16　前項の場合、受領当事者は、開示当事者に対し、違約金として金50万円を支払う。

※3 受領当事者が秘密保持義務に違反した場合に、開示当事者が被ることが想定される損害等を考慮して具体的な金額を定めた。

(注) 秘密保持義務に関して詳細に定めた文例であり、必要に応じて、適宜、簡略化することも考えられる。

(2) **簡略な文例**

秘密保持に関する誓約書

2020年○月○日

△△△御中

株式会社□□□

代表取締役　A

1　本書において、「秘密情報」とは、相手方（以下「受領当事者」といい、情報を開示する当事者を「開示当事者」という。）に開示される情報であり、かつ、開示時に秘密である旨を書面で明示し又は秘密である旨を口頭で明示した情報をいう。なお、「秘密情報」である旨を口頭で明示した場合は、その開示後7日以内に秘密情報の内容を書面又は電子メールで通知しなければならない。

2　前項の規定にかかわらず、次の各号のいずれかに該当するものは秘密情報に該当しない。

(1) 開示当事者から開示される以前に公知であったもの

(2) 開示当事者から開示された後に、自らの責めによらず、公知となったもの

(3) 開示当事者から開示される以前から自ら保有していたもの

(4) 正当な権限を有する第三者から秘密保持義務を負わずに知得したもの

(5) 開示当事者から開示された秘密情報によることなく、独自に開発したもの

3　受領当事者は、開示当事者から提供された秘密情報を本契約の目的の

範囲内で使用するものとする。

4　受領当事者は、開示当事者から開示された秘密情報を善良なる管理者の注意義務をもって取り扱うものとする。

5　受領当事者は、開示当事者から開示された秘密情報を、自己の役員又は従業員に開示する場合には、秘密情報を知る必要がある者に限り、その必要な範囲内でのみ開示するものとする。なお、この場合、受領当事者は、当該役員又は従業員に対して本書による自己と同等の義務を遵守させるものとし、かつ、当該役員又は従業員の行為について全責任を負う。

6　受領当事者は、事前に開示当事者から書面による承諾を得た場合を除き、秘密情報を第三者に開示又は漏洩してはならない。ただし、裁判所からの命令、その他法令に基づき開示が義務付けられる場合はこの限りでない。

7　受領当事者が、前項ただし書に基づき、秘密情報を第三者に開示する場合は、事前に開示当事者に通知するものとする。

8　受領当事者は、本契約を遂行するために必要である場合、最小限の数量だけ秘密情報を複写・複製することができるものとし、当該複写・複製に秘密である旨明示するものとする。

9　受領当事者は、本契約の契約期間が満了したとき又は開示当事者から要求があったときは、秘密情報（第 8 項に基づき複製された場合はその複製物を含む。）を開示当事者の指示に従い、返還又は破棄するものとする。

10　本誓約書に基づく義務は、本誓約書を差し入れたときから 2 年間存続するものとする。

11　受領当事者が本書の規定に違反した場合、開示当事者は直ちに当該違反行為を差し止めることができる。

《コラム・営業秘密》

　開示当事者が受領当事者に開示する秘密情報が、不正競争防止法で定める「営業秘密」に該当する場合には、同法による保護を受ける。たとえば、「営業秘密」が盗まれた場合には、開示当事者は、差止請求や損害賠償請求（損害の額の推定も定められている）をすることができる。

　もっとも、不正競争防止法において保護の対象となる「営業秘密」は、①秘密として管理されていること（秘密管理性）、②有用な情報であること（有用性）、③一般に入手できないこと（非公知生）という3要件を満たすことが必要であり、当該要件を満たしていない場合には、不正競争防止法による保護を受けることはできない。

　したがって、秘密情報の保護の観点からは、不正競争防止法によって保護されるか否かにかかわらず、守秘義務を定めることが重要と考えられる。

第 9 章　支払いに関する条項

Ⅰ　チェックポイント

1　支払いとは

　「支払い」とは、品物やサービスなどの代金や債務としての金銭を払い渡すことをいう。支払いに関して定める条項では、支払金額、期限、回数、支払方法および費用の負担などについて定められる。

2　支払いのための費用負担

　支払いのために要する費用（たとえば銀行送金の手数料など）は、債務者が負担するのが原則である（民485条）。ただし債権者の都合によって費用が増加した場合には、その増加額を債権者が負担することになる（同条ただし書）。例外的に当事者間で債権者が負担するという定めをおくことによって債権者の負担とすることも可能である。

　他方で、かつては下請けに対して送金手数料を差し引いて支払うということが行われていたようであるが、発注前に書面で合意をしない限り下請代金の減額に該当することとなるので（下請法4条1項3号）、注意が必要である。

Ⅱ　金銭消費貸借契約の場合

　「金銭消費貸借契約」とは、金銭を借りて、のちにこれと同額の金銭を返還する契約をいう（民587条）。借主は、同額または利息を付して金銭を返還することになるが、その支払方法について定める条項を取り上げる。

1　一括で弁済する場合

甲：貸主　乙：借主

（弁済）

第○条　乙は、甲に対し、第○条に定める元金及び利息を令和3年3月末
　　　　日限り、甲が指定する<u>下記銀行口座に送金して支払う</u>[1]。送金手数料
　　　　は乙の負担とする。

記

○○銀行　○○支店

普通預金　口座番号○○○○○○

「株式会社○○○」

※1　銀行口座を指定して振込みをする方法を指定している。

2　分割して弁済する場合

甲：貸主　乙：借主

（弁済）

第○条　乙は、甲に対し、前条に定める借入金を<u>次のとおり分割して</u>[2]、甲
　　　　が指定する下記銀行口座に振り込む方法によって支払う。振込手数
　　　　料は乙の負担とする。

　　　⑴　令和2年10月末日限り　金20万円

　　　⑵　令和2年11月から令和3年4月まで毎月末日限り金30万円宛

記

金融機関　　○○銀行○○支店

種別　　　　普通預金

口座番号　　○○○○○

名義人　　　○○○○

（期限の利益喪失）

第○条　乙は、以下の各号に規定する事由に該当した場合には、甲に対す

る一切の債務について<u>当然に期限の利益を失い</u>[3]、直ちに債務を弁済しなければならない。

(1)　乙が本契約に定める債務の履行を遅滞したとき

(2)　乙が支払の停止又は破産手続開始、民事再生手続開始、会社更生手続開始若しくは特別清算手続開始の申立てがあったとき

(3)　手形交換所の取引停止処分を受けたとき

(4)　仮差押え、仮処分、強制執行若しくは競売の申立て又は滞納処分のあったとき

(5)　乙の責めに帰すべき事由によって甲に乙の所在が不明となったとき

※2　分割方法を指定している。

※3　分割払いの定めをする場合には、期限の利益の喪失条項を入れるのが一般的である。期限の利益喪失事由については、事案ごとに検討することになる。

3　元金を定額で支払う場合

甲：貸主　乙：借主

（元金弁済）

第○条　乙は、第○条の<u>借入金元金を</u>[4]、令和3年2月から令和5年5月まで、毎月末日限り金8万円ずつ（ただし、最終回のみ金4万円）、合計28回の分割払いで返済する。

（利息弁済）

第○条　乙は、元金に対し、年1.1%の利息を支払うものとし、当月分の利息を前条の支払時期に元金とともに支払う。

※4　このように元金を定額ずつ返済していく方法では、利息が元金の残額に応じて毎月変動することになるので、元金と利息の弁済をそれぞれ別の条項に定めている。

Ⅲ　売買契約（動産）の場合

1　典型的な文例

甲：売主　乙：買主

（売買代金）

第○条　本商品の売買代金は、金500万円（消費税別途）とし、乙は甲に対し、令和2年5月末日限り、甲の指定する下記銀行口座に振り込む方法によって支払う。振込手数料は、乙の負担とする。

記

○○銀行　　○○支店

普通預金　口座番号○○○○○○

「株式会社○○○」

※1　期限までに一括で弁済することを定めたもの。
※2　銀行口座に振り込む方法によるもの。

2　分割払いにした文例

甲：売主　乙：買主

（売買代金の支払い）

第○条　本商品の売買代金は、金2000万円（消費税別途）とし、乙は甲に対し、以下のとおり分割して甲の指定する銀行口座に振り込む方法によって支払う。振込手数料は、乙の負担とする。

本契約締結日　　　金500万円

令和2年7月末日　金500万円

令和2年10月末日　金500万円

令和3年1月末日　残金全額

※3　分割によるもの。分割方法は下記に列挙する記載方法とした。

3　現状有姿で引き渡すことと引換えに支払うことにした文例

甲：売主　乙：買主

（代金の支払いと納品）

第○条　甲は、令和3年1月10日、乙に対し、本商品を現状のまま甲の店
　　　　頭において納品し、乙は、売買代金全額の支払いと引き換えにこれ
　　　　を受領する。

※4　特定物の売買においては、売買契約時と引渡し時とにおいて目的物の状況が
　　　変動することもありうる。この場合、売主はその目的物を現状のまま引き渡せ
　　　ば足りることをあらかじめ定めたもの。

※5　売買代金と目的物の引渡しとが同時履行であることを定めたもの。

4　手付を支払う場合

甲：売主　乙：買主

（手付金）

第○条　乙は、甲に対し、本日、本件商品の手付金として金200万円を支
　　　　払い、甲は、これを受領した。

　　2　手付金は無利息とし、残金支払い時に、売買代金の一部に充当す
　　　　る。

（残金の支払いと納品）

第○条　甲は、乙に対し、令和2年10月末日、本件商品を乙の指定する場
　　　　所に納品し、乙はこの納品と引き換えに売買代金の残金1800万円を
　　　　支払う。

※6　手付を契約締結と同時に支払った場合に、それを確認する旨を定めたもの。

※7　手付の処理の仕方についても定めたもの。

5　継続的な取引基本契約の場合

甲：売主　乙：買主

（代金の支払い）

第○条　乙は、甲に対し、前条の検査に合格した商品の代金[8]を次の条件に
従って支払う。

(1)　支払期限　毎月末日締切　翌月末日払い[9]

(2)　支払方法　甲が指定する銀行口座への振込み

※8　商品売買などの取引基本契約においては、検収についての定めが設けられ
（第3章参照）、それに合格した商品のみ代金支払義務が生じることになる。

※9　継続的な取引基本契約における支払いでは、一般的に「締め、支払い」のサ
イトが定められる。ここでは、翌月末日払いとしたが、支払サイトを長くすれ
ば長くするだけ買主にとって有利な条項となる。

Ⅳ　売買契約（不動産）の場合

（手付）

第○条　買主は、売主に対し、この契約締結と同時に、手付金として[1]、金
2000万円を以下の銀行口座に振り込む方法によって支払う。

記

金融機関　○○銀行○○支店

種別　　　普通預金

口座番号　○○○○○

名義人　　○○○○

2　手付金は無利息とし、残代金支払いのときに、売買代金の一部に
充当する[2]。

（売買代金の支払時期及びその方法）

> 第○条　買主は、売主に対し、売買代金のうち前条の手付金額を差し引いた残額金１億8000万円を、本物件の所有権移転登記手続に必要な書類及び引渡しを受けるのと引き換えに、令和３年２月21日限り前条と同様に支払う。

※１　手付を銀行口座に振込む方法によるもの
※２　手付の処理の仕方について定めたもの

Ⅴ　請負契約の場合

　請負の報酬は、仕事が完成した後、仕事の目的物の引渡しと同時に支払わなければならない（民633条）。他方でこれと異なる支払いに関する定めを契約で設けることは可能であり、建物の建設工事の場合などは、段階ごとに支払う旨の条項とされていることが多いようである。

1　建物建設工事の場合

(1)　簡易な建設工事の場合の文例

　工事の着手時、上棟したときおよび工事が完成したときにそれぞれ代金を分割して支払うことを定めた文例である。

甲：発注者　乙：受注者

> （請負代金の支払い）
> 第○条　請負代金は、金3000万円（税別）とし、甲は、乙に対し、次のとおり分割して支払う。
> 　　(1)　乙が工事に着手したときに金1000万円（税別）
> 　　(2)　乙が基礎工事（上棟）を完成したときに金1000万円（税別）
> 　　(3)　乙が工事を完成し、その引渡しを完了したときに金1000万円（税別）

※1　着手時、上棟時および完成時にそれぞれ分割して支払う旨を定めたもの

(2)　公共工事標準請負契約約款によるもの

　建設業法は、法律自体に請負契約の適正化のための規定（建設業法第3章）をおくとともに、それに加えて、中央建設業審議会が当事者間の具体的な権利義務の内容を定める標準請負契約約款を作成し、その実施を当事者に勧告する（建設業法34条2項）こととしている。公共工事用として公共工事標準請負契約約款、民間工事用として民間建設工事標準請負契約約款（甲）および（乙）並びに下請工事用として建設工事標準下請契約約款が作成されており、下記は公共工事に関するものである。

（請負代金の支払い）

第33条　受注者は、前条第2項（同条第6項後段の規定により適用される場合を含む。第3項において同じ。）の検査に合格したとき[2]は、請負代金の支払いを請求することができる。

　　2　発注者は、前項の規定による請求があったときは、請求を受けた日から40日以内に請負代金を支払わなければならない。

　　3　発注者がその責めに帰すべき事由により前条第2項の期間内に検査をしないときは、その期限を経過した日から検査をした日までの期間の日数は、前項の期間（以下この項において「約定期間」という。）の日数から差し引くものとする。この場合において、その遅延日数が約定期間の日数を超えるときは、約定期間は、遅延日数が約定期間の日数を超えた日において満了したものとみなす。

※2　検査に合格したときに、代金の請求ができる旨を定めたもの。

2　製品の製造委託契約の場合

甲：発注者　乙：受注者

（委託料）

第○条　本製品の製造委託料は、1 個あたり金1500円とする。

 2　乙は、甲に対し、第○条に定める<u>検収報告書を受領してから10日以内に</u>、製造委託料の明細を記載した請求書をもって製造委託料を請求する。

 3　甲は、前項の<u>請求書を受領した月の翌月末日までに</u>、前項の製造委託料を乙の指定する下記銀行口座に振り込む方法によって支払う。振込手数料は甲の負担とする。

記

金融機関　　○○銀行○○支店

種別　　　　普通預金

口座番号　　○○○○○

名義人　　　○○○○

※3　検収→請求→支払いという流れを定めたもの。まずは検収をした旨を記載した報告書を提出させ、それを確認したのち10日以内に請求書を発行することとした。

※4　そのうえで請求書受領の翌月末日に支払いをすることを定めたもの。

Ⅵ　知的財産権の使用許諾契約の場合

特許権や実用新案権を使用許諾する場合、通常、その対価として実施料が支払われるがその支払方法としては、①固定額のみを支払う場合、②商品の販売価格の一定割合を支払う場合、③その両方を支払う場合がある。

①固定額のみの場合には、実施料の全体を予測することが容易である反面、それを使用した製品の数量が予想と大きく異なった場合には、実情に沿わない実施料となってしまう可能性もある。また、②商品の販売価格の一定割合のみを支払うこととした場合には、実際の権利の実施状況に合致した実施料が支払われることになるものの契約時に実施料を予測することが困難であるというデメリットもある。そのため、③その両方を支払うことにする条項が選択される

ことが多いようである。

1　特許権の通常実施権の許諾料

⑴　一般的な文例（固定額と販売価格の一定割合の両方を支払う場合）

甲：特許権者　乙：実施権者

（対価及び支払方法）

第○条　乙は、甲に対し、本通常実施権の許諾の対価として、以下に規定
する実施料を甲が指定する銀行口座に振り込む方法によって支払う。
振込手数料は乙の負担とする。

⑴　イニシャルペイメント[1]

　　乙は、甲に対し、本契約の締結日から30日以内に金300万円
（消費税別途）を支払う。

⑵　ランニングロイヤリティ[2]

　　乙は、甲に対し、毎年1月1日から同年6月30日までの間に販
売した本製品の販売価格の5％に相当する金額（消費税別途）を
同年7月31日までに、毎年7月1日から12月31日までに販売した
本製品の販売価格の5％に相当する金額（消費税別途）を翌年1
月31日までに、それぞれ支払う。

※1　固定額を契約締結直後に支払うことを定めたもの。

※2　販売価格の一定割合（5％）を半年ごとに支払うことを定めたもの。

⑵　固定額（ランプサムペイメント）のみを支払う場合

甲：特許権者　乙：実施権者

（対価及び支払方法）

第○条　乙は、甲に対し、甲が乙に本件特許の通常実施権を許諾すること
の対価として、令和3年6月末日限り、金200万円（消費税別途）を
甲の指定する下記銀行口座に振り込む方法によって支払う。振込手
数料は乙の負担とする。

記

金融機関　　○○銀行○○支店

種別　　　　普通預金

口座番号　　○○○○○

名義人　　　○○○○

2　実用新案権の通常実施権の許諾料

甲：実用新案権者　乙：実施権者

（対価の支払方法）

第○条　乙は、本契約の有効期間中に対象製品を第三者に販売した場合、前条に基づき許諾される権利の対価として、甲に対し、<u>対象製品の第三者への実際の販売価格に以下に定める実施料率を乗じた金額（消費税別途）</u>[3]を支払う。

　　　　対象製品の販売価格×1パーセント

2　乙は、甲に対し、前項の対価を、毎年3月末日と6月末日からそれぞれ40日以内に甲が指定する下記口座に振り込む方法によって支払う。

記

金融機関　　○○銀行○○支店

種別　　　　普通預金

口座番号　　○○○○○

名義人　　　○○○○

※3　許諾料として販売価格の一定割合を支払うことを定めた。

《コラム・振込手数料》

　一般的な不動産の売買契約において、買主が売買代金を売主の銀行口座に振り込む場合には、振込手数料は、買主が負担する。通常は売買契約書にその旨が記載されており、もし記載がなくても民法485条の本文で買主が負担することになる。もっとも、オーバーローンの不動産の任意売買契約やオーバーローンではなくても複数の抵当権が設定されている不動産の売買契約においては、設定されている複数の抵当権登記を抹消するため、売買代金からその抵当権の残債務の支払いがなされる必要がある。そこで、買主は、売買代金満額を売主に一括して振り込むのではなく、複数の担保権者にも分けて振込みをしなければならず、指定された振込口座が３カ所や４カ所となることも少なくない。この場合は、買主は売主の銀行口座への振込費用だけを負担し、残りの銀行口座への振込費用は、売主の負担となるのが通常である。不動産取引の慣行もそうなっており、まさに民法485条ただし書が想定しているケースといえるのである。

第10章　同意（承諾）に関する条項

$\boxed{\text{I}}$　チェックポイント

1　実務上のポイント

　同意（承諾）に関する条項が設けられるのは、契約当事者間において、契約期間中に、一方の契約当事者が相手方に対し契約条件の変更を申し出る場合であり、申出を受けた相手方当事者が契約上の権利または利益を保持している場合が一般的である（契約条件の変更を申し出る当事者が当該契約条件に関する権利または利益を保持している場合は、単純にこの権利または利益を放棄する旨の意思表示をすれば足りるので、相手方当事者の同意は通常は問題にならない）。継続的な契約関係において、契約期間中に契約条件の変更を想定する場合は、当該変更により不利益を受ける当事者の同意（承諾）に関する条項の要否を検討する必要がある。この場合、以下の点を検討することとなる。

①　同意（承諾）の対象とすべき事項の選別（同意（承諾）に関する条項の要否）
②　同意（承諾）を要するとした場合の裁量の程度（同意（承諾）に付帯する条件の具体的内容）
③　同意（承諾）に関する条項に違反した場合の効果

2　本条項の要否を検討すべき契約類型

　同意（承諾）に関する条項はさまざまな契約において問題となりうるが、本項では、代表的な事例として、①不動産賃貸借契約における同意（承諾）に関する事項（借地権の譲渡・転貸借、建物のサブリース契約）、②金銭消費貸借契約における同意（承諾）に関する事項（期限前弁済）、③業務委託契約における同

138

意（承諾）に関する事項（再委託）を取り上げる。

Ⅱ　不動産賃貸借契約における同意（承諾）に関する事項

1　借地契約における借地権の譲渡・転貸

⑴　原　則

　賃借人は、賃貸人の承諾を得なければ、その賃借権を譲渡し、または賃借物を転貸することはできない（民612条1項）。賃借人が民法612条1項に違反して第三者に賃借物の使用または収益をさせたときは、賃借人は、契約の解除をすることができる（同条2項）。この原則は、建物所有を目的とする土地賃貸借契約、すなわち借地契約においても当然あてはまる。

⑵　借地権の譲渡の承諾に代わる許可の制度

　しかし、借地契約の場合、建物所有者である借地権者は、借地権の譲渡や借地の転貸が制限されると、事実上、自己の所有物である建物の譲渡が不可能になり、これは借地権者の建物所有権の処分の自由を制限することとなる。他方、賃貸人としても、譲渡・転貸が行われたからといって、それが必ずしも不利益となるわけではない。そこで設けられたのが借地借家法19条（旧借地法9条の2、9条の4）である。すなわち、借地上の建物を第三者に譲渡しようとする場合において、その第三者が借地権を取得し、または転貸をしても借地権設定者（貸主）に不利となるおそれがないにもかかわらず、借地権設定者がその借地権の譲渡または転貸を承諾しない場合、裁判所は、借地権者の申立てにより借地権設定者の承諾に代わる許可をあたえることができる（借地借家法19条1項第1文）。この場合において、当事者間の利益の衡平を図るため必要があるときは、借地権の譲渡もしくは転貸を条件とする借地条件の変更を命じ、またはその許可を財産上の給付に係らしめることができる（同項第2文）。

　以上のとおりであり、借地契約において、借地権設定権者はいかなる場合であっても借地権の譲渡または賃借物の転貸を拒否できるわけではなく、借地借家法による一定の制約を受けることに留意する必要がある。

(ｱ)　民法に則った条項例

（借地権の譲渡又は転貸）

第○条　借主は、事前に貸主の承諾を得なければ、本件土地の借地権を譲
渡し、又は転貸してはならない。

(ｲ)　貸主の書面による同意を要求する場合

（借地権の譲渡又は転貸）

第○条　借主は、事前に貸主の書面による承諾を得なければ、本件土地の
借地権を譲渡し、又は転貸してはならない。

（注）　借地権の譲渡または転貸をめぐる貸主の承諾の有無をめぐる紛争を回避する
ため、書面によることを定めたものである。

(ｳ)　(ｲ)に加え、承諾料の支払いを条件とする場合（その１）

（借地権の譲渡又は転貸）

第○条　借主は、事前に貸主の書面による承諾を得なければ、本件土地の
借地権を譲渡し、又は転貸してはならない。

２　借主が前項の規定により借地権を譲渡又は転貸する場合、借主は
貸主に対し、貸主と協議のうえ定めた承諾料を支払う。

（注）　借地権の譲渡または転貸につき、貸主の書面による承諾に加え、承諾料の支
払いを条件とした。

(ｴ)　(ｲ)に加え、承諾料の支払いを条件とする場合（その２）

（借地権の譲渡又は転貸）

第○条　借主は、事前に貸主の書面による承諾を得なければ、本件土地の
借地権を譲渡し、又は転貸してはならない。

２　前項の場合、借主は貸主に対し、譲渡又は転貸時における本件土

> 地（一部の譲渡又は転貸の場合は、譲渡又は転貸の対象となる部分）の借地権価額の10パーセントに相当する額の金銭を、承諾料として支払う。

(注)　㈦と同様、貸主の書面による承諾に加え、承諾料の支払いを条件とするものであるが、㈦と異なり、譲渡承諾料の計算方法を明示するものである。もっとも、この条項においても「借地権価格」をどのように算定するかについては当事者間で議論が生じる余地がある。

2　建物のサブリース契約における転貸借の同意（承諾）

(1)　借家契約における建物の転貸

　借家契約、すなわち建物の賃貸借契約においても、民法612条は当然適用される。借家人は、借家権を譲渡または賃借物を転貸するには貸主の承諾を得なければならない。貸主の承諾を得ずに借家権の譲渡または建物の転貸が行われた場合、貸主は借家契約を解除することができる。そして、借家契約に関しては、借地借家法19条のような規定はなく、借家権の譲渡または賃借物の転貸に関する貸主の承諾に代わる許可の裁判の制度も存在しない。

(2)　建物サブリース契約の場合

　一方、建物のサブリース契約は、建物賃借人が第三者に賃借物を転貸することを前提（目的）とした建物賃貸借契約である。建物サブリース契約、特に集合住宅を一括で賃借し各戸を第三者に転貸する場合においては、第三者に建物を転貸するつど貸主から個別に承諾を得なければならないとすると、当事者双方にとって事務が煩雑になるおそれがあるので、貸主が建物の転貸をあらかじめ包括的に承諾する必要性は高いといえる。もっとも、貸主としては建物の転貸を無制限に認めてしまうと望ましくない第三者が入居するリスクを抱えることにもなることから、貸主が転貸を事前に承諾しつつ、その範囲を限定する方向で条項を定める必要性がある。

　以下の条項例は、国土交通省が公表している「サブリース住宅原賃貸借標準契約書平成30年3月版」によるものであるが、転貸の具体的条件として、①原賃貸借契約書の「転貸の条件等」および「地位の承継」の各規定を転貸借契約

の内容として規定すること、②契約態様は普通賃貸借契約に限ることを定めた
条項例である。

　　(ア)　建物サブリース契約における転貸の承諾の条項例

甲：賃主　乙：賃主（条数はサブリース住宅原賃貸借標準契約書を使用）

（転貸の条件等）

第8条　甲は、別紙に記載する転貸の条件に従い乙が本物件を転貸するこ
　　　　とを承諾する。ただし、乙は、暴力団、暴力団関係企業、総会屋若
　　　　しくはこれらに準じる者又はその構成員（以下、総称して「反社会的
　　　　勢力」という。）に本物件を転貸してはならない。

　2　乙は、前項に定める条件のほか、次の各号に定める内容を転貸条
　　　件としなければならない。

　　一　乙及び転借人は、それぞれ相手方に対し、次のイからニまでに
　　　　定める事項を確約すること。

　　　イ　自らが反社会的勢力でないこと。

　　　ロ　自らの役員（業務を執行する社員、取締役、執行役又はこれら
　　　　に準ずる者をいう。以下同じ。）が反社会的勢力ではないこと。

　　　ハ　反社会的勢力に自己の名義を利用させ、この契約を締結する
　　　　ものでないこと。

　　　ニ　自ら又は第三者を利用して、次の行為をしないこと。

　　　　(1)　相手方に対する脅迫的な言動又は暴力を用いる行為

　　　　(2)　偽計又は威力を用いて相手方の業務を妨害し、又は信用を
　　　　　毀損する行為

　　二　転借人は、乙の承諾の有無にかかわらず、本物件の全部又は一
　　　　部につき、反社会的勢力に転借権を譲渡し、又は再転貸してはな
　　　　らないとすること。

　　三　転借人は、本物件の使用にあたり、次のイからハまでに掲げる
　　　　行為を行ってはならないとすること。

　　　イ　本物件を反社会的勢力の事務所その他の活動の拠点に供する
　　　　こと。

　　ロ　本物件又は本物件の周辺において、著しく粗野若しくは乱暴
　　　な言動を行い、又は威勢を示すことにより、付近の住民又は通
　　　行人に不安を覚えさせること。

　　ハ　本物件に反社会的勢力を居住させ、又は反復継続して反社会
　　　的勢力を出入りさせること。

　四　乙又は転借人の一方について、次のいずれかに該当した場合に
　　は、その相手方は、何らの催告も要せずして、転貸借契約を解除
　　することができるとすること。

　　イ　第一号の確約に反する事実が判明した場合

　　ロ　契約締結後に自ら又は役員が反社会的勢力に該当した場合

　五　乙は、転借人が第二号に規定する義務に違反した場合又は第三
　　号イからハまでに掲げる行為を行った場合には、何らの催告も要
　　せずして、転貸借契約を解除することができるとすること。

……

（地位の承継）

第21条　本契約が終了した場合（第19条の規定に基づき本契約が終了した場
　　合を除く。）には、甲は、転貸借契約における乙の転貸人の地位を
　　当然に承継する。

　2　前項の規定は、転借人について第8条第2項第一号の確約に反す
　　る事実が判明した場合又は転借人が同項第二号に規定する義務に違
　　反した場合若しくは同項第三号イからハまでに掲げる行為を行った
　　場合の当該転借人に係る転貸借契約については、適用しない。

　3　第1項の規定に基づき甲が転貸借契約における乙の転貸人の地位
　　を承継する場合、乙は、転借人から交付されている敷金、賃貸借契
　　約書、その他地位の承継に際し必要な書類を甲に引き渡さなければ
　　ならない。

（別紙）

転貸の条件

条件項目	条件の有無	条件の内容
転貸借契約において定めるべき事項	㊲・無	乙は、転貸借契約を締結するに際し、当該契約が転貸借契約であることを転借人に開示するとともに、本契約書第8条第2項（転貸の条件等）及び第21条（地位の承継）に規定する内容を契約条項とすること。
契約態様	㊲・無	⟨普通賃貸借契約に限る⟩ 定期賃貸借契約に限る
契約期間	有・㊺	
賃　　料	有・㊺	
共 益 費	有・㊺	
敷　　金	有・㊺	
転 借 人	有・㊺	
民泊（住宅に人を宿泊させるサービス）の可否	可・㋬	☐　住宅宿泊事業法に基づく住宅宿泊事業 ☐　国家戦略特区法に基づく外国人滞在施設経営事業
その他	有・㊺	

（注）　「19条の規定」とは、本物件の滅失その他の事由により使用不能となった場合の本契約終了を定めた規定である。

Ⅲ　金銭消費貸借契約における期限前弁済における貸主の同意（承諾）

1　期限前弁済の可否

改正前民法では、消費貸借契約の当事者間に返還時期の定めがある場合にお

いて、消費貸借の借主が返還時期の前においても目的物を返還することができるのか規定上明らかでなかった。この問題は、当事者が返還時期の定めをおいた趣旨によって左右され得るものであるが、消費貸借契約における返還時期の定めは、通常、借主のために目的物の返還を猶予するものであり、また、返還時期の前に目的物を返還することによって貸主に損害が生じても、それは借主に損害賠償義務を負わせることで対応することが可能であり、返還自体を否定する必要はない。

　そこで、改正後民法においては、借主は返済期限の定めの有無にかかわらずいつでも目的物を返還できることとし（改正後民591条2項）、期限前の目的物の返還により貸主が損害を受けた場合は、借主に損害賠償を請求できることとしたのである（同条3項）。

2　期限前弁済における貸主の利息等の請求の可否

　もっとも、この規定によっても貸主が借主に対し利息相当額の損害賠償を請求できるかどうかはケースバイケースである。そこで、借主の期限前弁済について、借主から利息または事務手数料を得るには、期限前弁済について貸主の同意およびその条件として利息等の支払いを約定しておく、または期限前弁済を受け入れる条件を規定しておくことが必要となる。

　⑴　**期限前弁済に関する文例（その1）**
　甲：貸主　乙：借主

（期限前弁済）
第○条　乙が期限前に本契約による債務を弁済する場合は、事前に甲の同意を得なければならない。
　　2　乙が前項に則って期限前に債務を弁済する場合、乙は甲所定の事務手数料及び違約金を甲に支払う。

---

(2) 期限前弁済に関する文例（その2）

甲：貸主　乙：借主

（期限前弁済）

第○条　乙が期限前に本契約による債務を弁済する場合は、期限前に弁済
　　　する日の14日前までに甲に通知し、甲の同意を得なければならない。

　　2　乙が前項に則って期限前に債務を弁済する場合、乙は甲所定の事
　　　務手数料及び違約金を甲に支払う。

（注）　期限前弁済について借主の同意を要する旨規定し、さらに、その要件として
　　　事前の通知について一定の期限を設けた条項例である。

(3) 期限前弁済に関する文例（その3）

甲：貸主　乙：借主

（期限前弁済）

第○条　乙が期限前に本契約による債務を弁済する場合は、本契約に定め
　　　る毎月の弁済日に行うものとし、この場合には期限前に弁済する日
　　　の14日前までに甲に通知する。

　　2　乙が前項に則って期限前に債務を弁済する場合、乙は甲所定の事
　　　務手数料及び違約金を甲に支払う。

（注）　期限前弁済について、一定の期限内での事前通知を要求し、かつ、期限前返
　　　済を行う日も約定の弁済日に固定する旨定めた条項である。なお、条項におい
　　　て貸主の同意または承諾という文言はないが、所定の条件を満たせば貸主が期
　　　限前弁済に応じることを前提としている。

Ⅳ　業務委託契約における再委託の同意（承諾）に関する事項

1　復受任者の選任の要件、権限および義務

　改正前民法では、復受任者の選任の要件に関する明文の規定はなかったが、一般に、代理に関する民法104条と同様、委託者の許諾を得た場合またはやむを得ない事由がある場合でなければ、受任者は復受任者を選任することができないと解されていた。そこで、改正後民法では、この一般的な解釈を明文化し、委任者の許諾を得たことまたはやむを得ない事由がある場合でなければ復受任者を選任できないこととした（改正後民644条の２第１項）。

　なお、代理権を有する受任者が代理権を有する復受任者を選任した場合の復受任者の権限および義務について、改正後民法は、復代理に関する改正後民法106条第２項（改正前民107条２項）と同様に、復受任者が委任者に対し、その権限の範囲内において受任者と同一の権利を有し、義務を負う旨規定している（改正後民644条の２第２項）。

2　再委託についての文例

　以下の文例のうち、(1)が再委託の可否につき改正後民法による場合、(2)が再委託を許容する場合、(4)および(5)が再委託を禁止する場合の文例である。一方、(3)および(6)が一定の条件のもとに再委託を許容する場合の文例であるが、(3)の文例が再委託を許容することを前提としているのに対し、(6)の文例は再委託につき委託者の同意を要求しているところに文言上の違いがある。

(1)　改正後民法の原則に則った場合
甲：委託者　乙：受託者

（再委託）

第○条　乙は、甲の許諾を得た場合又はやむを得ない事由がある場合でなければ、甲から受託した業務を第三者に再委託することができない。

2　乙が前項により再委託した場合、乙は、業務を再委託した第三者
が本契約の各条項を遵守するよう管理監督しなければならない。

(2)　再委託を原則として許容する場合の文例
甲：委託者　乙：受託者

（再委託）

第○条　乙は、甲から受託した業務を第三者に再委託することができる。

2　前項の場合、乙は、業務を再委託した第三者が本契約の各条項を
遵守するよう管理監督しなければならない。

(3)　一定の条件の下に再委託を許容する場合の文例（その１）
甲：委託者　乙：受託者

（再委託）

第○条　乙は、甲から受託した業務を第三者に再委託することができる。
ただし、甲が再委託に異議を述べた場合はこの限りではない。

2　乙が甲から受託した業務を第三者に再委託する場合、甲に対し事
前に以下に定める事項を通知しなければならない。

(1)　再委託する第三者の住所及び氏名（名称）または商号

(2)　再委託する業務の内容及び範囲

(3)　再委託する第三者に支払う報酬及び費用

(4)　その他、甲が再委託の可否を決定するために必要な事項

3　前項の場合、乙は、業務を再委託した第三者が本契約の各条項を
遵守するよう管理監督しなければならない。

（注）　受託者が再委託できることを原則としつつ、再委託に関する重要事項を委託
者に事前に通知することを要求し、委託者が再委託に異議を述べる余地を残し
た。

(4)　再委託を禁止する場合の文例（その1）

甲：委託者　乙：受託者

（再委託の禁止）

第○条　乙は、甲から受託した業務を第三者に再委託することができない。

(5)　再委託を禁止する場合の文例（その2）

甲：委託者　乙：受託者

（再委託の禁止）

第○条　乙は、事前に甲の書面による許諾を得た場合を除き、甲から受託した業務を第三者に再委託することができない[1]。

※1　再委託について、委託者の書面による事前の承諾を要求した条項である。

(6)　一定の条件の下に再委託を許容する場合の文例（その2）

甲：委託者　乙：受託者

（再委託）

第○条　乙は、以下に定める事項を甲に通知し、甲の同意を得た場合は、甲から受託した業務を第三者に再委託することができる。

(1)　再委託する第三者の住所及び氏名（名称）または商号

(2)　再委託する業務の内容及び範囲

(3)　再委託する第三者に支払う報酬及び費用

(4)　その他、甲が再委託の可否を決定するために必要な事項

2　乙が前項に定める事項を甲に通知した後何らの異議を述べることなく14日が経過した場合、甲は当該再委託を同意したものとみなす。

3　前項の場合、乙は、業務を再委託した第三者が本契約の各条項を遵守するよう管理監督しなければならない。

（注）　再委託に委託者の同意を要することを原則としつつ、所定の事項を通知し委託者が異議を述べなかった場合は同意を擬制することにより、再委託の余地を広

げた。

《コラム・相続・合併による借家権の移転と賃貸人の同意》

　借家契約において、賃借権の譲渡および転貸借とともに、「相続・合併による借家権の移転につき賃貸人の承諾を要する」旨の条項をしばしば見かける。この条項は、相続・合併による借家権の移転自体を制限する効力を有しないものと解されるが、当該移転につき賃貸人の承諾を得ていない場合、賃貸人は契約違反を理由に借家契約を解除できるのかが問題となる。

　この点、賃借人が賃貸人の承諾を得ないで第三者に賃借物の使用・収益をさせた場合でも、賃借人の当該行為を賃貸人に対する背信的行為と認めるに足りない特段の事情があるときは、賃貸人は民法612条2項により契約を解除することはできないとされている（最判昭28・9・25民集7巻9号979頁）。相続や合併は被相続人あるいは消滅会社の権利義務（法的地位）を包括的に承継するものであるから、相続や合併による借家権の移転について上記判例にいう「背信性」の要件を充足する事案は稀であろう（最判昭29・10・7民集8巻10号1816頁は、建物付借地権の相続の事案につき民法612条2項による解除を認めなかった）。結論として、上記の条項に違反したことによる契約解除の主張が認められる可能性は低いと考えられる。

　以上は、契約条項において、当事者の同意・承諾を要すると定めても、実際にはそのとおりに適用されるとは限らないことを示した一例である。

第11章　誓約条項

Ⅰ　チェックポイント

1　誓約条項とは

(1)　定　義
　誓約条項は、従前、日本において使用される典型的な契約書においては存在しなかった条項であって、英米法のコベナンツ（Covenants）に由来し、一方当事者が他方当事者に要求する一定の作為または不作為を定めた条項である。

英米法のコベナンツ　→　誓約条項
由来

(2)　誓約条項の必要性
　誓約条項は、本来、契約書上に記載がなければ、契約当事者が負担する義務とはならないものである。しかし、一方当事者が契約の目的を実現するために他方当事者の一定の作為または不作為が必要と考える場合に、特に定めておくものである。

　したがって、誓約条項で定められた一定の作為または不作為は、契約の目的を実現するための中心的事項ではないが、誓約条項を要求した一方当事者にとっては、契約の目的を実現するために必要または前提と考える付随的事項といえる。

(3)　誓約条項の内容
　誓約条項の内容としては、以下の条項がある。

　①　作為（作為条項）

　　　一方当事者に対して一定の行為の履行を要求するもの

たとえば、善良なる管理者の注意をもって事業活動を行うこと、事業活動を行うために必要となる許認可の維持等

② 不作為（不作為条項）

一方当事者に対して一定の行為を行わないことを要求するもの

たとえば、金融債務等の債務の負担制限、事業にかかる新たな設備投資額の制限等

③ 財務状況に関し一定水準を維持すること（財務制限条項）

たとえば、経常利益が２期連続して赤字とならないこと、純資産が前期比70％を下回らないこと等

④ 一定事項の報告等を求めるもの（報告条項）

たとえば、財務諸表等の書類の開示、契約の目的に支障を来すような重大事項が発生した場合の報告義務等

⑷ **誓約条項の誓約範囲**

誓約条項の誓約の範囲が広範かつ詳細なものとなれば、誓約者側にとっては事業活動の自由度が狭められることとなる。他方、誓約事項の範囲が限定的であるならば、その逆となる。したがって、誓約条項の誓約の範囲をどのように定めるかは当事者間の協議となることが多い。

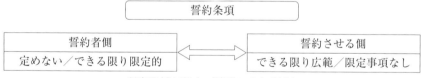

2　誓約条項を設ける契約類型

誓約条項を設ける契約類型は、①投資契約、②株式譲渡における売買代金調達方法としての金銭消費貸借契約、③不動産または不動産を信託財産とする信託受益権の売買代金調達方法としての責任財産限定特約付金銭消費貸借契約（いわゆるノンリコースローン。以下、②および③を単に「金銭消費貸借契約」と総称する）および、④株式譲渡契約等の譲渡契約などがある。

契約類型
① 投資契約
② 株式譲渡における売買代金調達方法としての金銭消費貸借契約
③ 不動産または不動産を信託財産とする信託受益権の売買代金調達方法としての責任財産限定特約付金銭消費貸借契約
④ 株式譲渡契約等の譲渡契約

3 誓約条項の主体および期間

(1) 誓約者

①投資契約においては、投資を受ける側が投資をする側に対し、②および③の各金銭消費貸借契約においては、借入人が貸付人に対し、④株式譲渡契約においては、譲渡人および譲受人が双方に誓約することが多い。

(2) 誓約者が誓約条項を遵守すべき期間

誓約者が誓約条項を遵守すべき期間については、(a)契約締結日以降契約実行日までの間を対象とするものと、(b)契約実行日以降当該契約終了日までの間を対象とするものに区分することができる。以下は、(a)および(b)に区分し説明する。

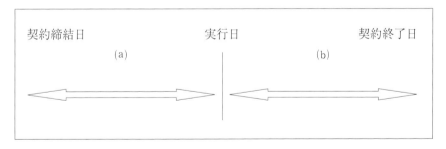

(3) 契約締結日以降契約実行日までの間の誓約条項 ((a)の場合)

契約締結日以降契約実行日までの間に、一方当事者の事業内容や財務状況等に変更が生じることによって、契約の目的を実現できなくなることもあり得ることから、契約締結日における一方当事者（誓約者）の状況を契約実行日までの間、維持させることを目的として誓約条項を定めることがある。

①　投資契約および金銭消費貸借契約並びに株式譲渡契約等の譲渡契約において、これらの契約を実行するまでの間に、契約当事者が契約実行に向け約束した事項が誓約条項となる。

　たとえば、投資契約および金銭消費貸借契約においては、契約締結日以降契約実行日までの間に投資または貸付の対象となる法人の財務状況等が投資または貸付を合意した時点の財務状況等から悪化することは、そもそも投資または貸付の前提を欠くこととなってしまうため、このような事態が発生した場合には、投資または貸付を実行することができない。

　したがって、このような事態にならないように善管注意義務をもって契約締結日時点の状態を維持することを約束することおよび万一このような事態が発生または発生する可能性がある場合は速やかに報告すること等が誓約条項に盛り込まれることが多い。

　また、契約実行日までに瑕疵を治癒する事項または新たな課題事項を契約実行日までに行うことを約束させること等を誓約条項に盛り込むことも多い。これは、投資または貸付を行う前提として契約締結日時点においては投資または貸付の対象としては不十分である部分を補完すれば、投資または貸付を行うということを前提に設けられるものである。

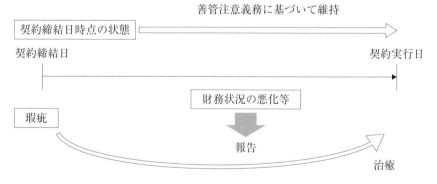

②　株式譲渡契約等の譲渡契約においては、契約締結日における譲渡対象物の価値等に着目し売買代金の合意がなされることとなるが、契約実行日までの間に譲渡対象物の価値が減殺されるような事態の発生は、売買代金の合意の前提を欠くこととなってしまうため、このような事態が発生した場

合には、譲渡対象物の譲渡の実行をすることができない。

　したがって、このような事態とならないように善管注意義務をもって譲渡対象物の価値を契約締結日時点の状態で維持することおよび万一、譲渡対象物の価値が減殺されまたは減殺される可能性がある場合は速やかに報告させることを約束すること等が誓約条項に盛り込まれることが多い。

　また、契約締結日時点において、譲渡対象物の価値が合意された売買代金に満たない場合に契約実行日までに譲渡対象物の価値の減殺要因となる事項を譲渡実行日までに治癒等することを約束させること等を誓約条項に盛り込むことも多い。これは、譲渡対象物の譲渡を行う前提として契約締結日時点においては譲渡対象物の売買代金に不十分である部分を補完すれば、譲渡対象物の譲渡を行うということを前提に設けられるものである。

　さらに、株式譲渡契約に関していえば、譲渡対象物は株式であり、その株式に表象される譲渡対象会社の株主の交代を意味するものであって、譲渡対象会社の既存の役員構成は譲渡対象物の価値には直ちに影響しないものの、従前、売主側が指名した譲渡対象会社の役員の辞任手続の実行が誓約事項に盛り込まれることも多い。

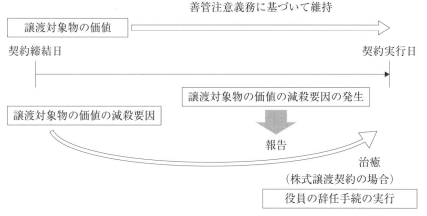

(4)　契約実行日以降契約終了日までの間の誓約条項（(b)の場合）

　契約実行日以降契約終了日までの間に、一方当事者の事業内容や財務状況等に変更が生じることによって、契約の目的を実現できなくなることもあり得ることから、契約実行日における一方当事者（誓約者）の状況を契約終了日まで

の間、維持させることや一定の事項を報告させること等を目的として誓約条項を定めることがある。

① 投資契約および金銭消費貸借契約においては、投資または貸付の期間において、投資または貸付の対象が、契約実行日以降契約終了までの間、一定の状態（組織体制、財務状況等が一定の水準以上の状態等）にあることおよび財務状況等を適時適切に報告してもらえること等を前提として、投資または貸付の行為が行われるのであって、投資または貸付の期間において当該一定の状態が保持されることおよび財務状況等を適時適切に報告させることが投資または貸付を行う者には必要な事項となるため、上記内容をまとめた誓約条項が設けられることが多い。

② 株式譲渡契約等の譲渡契約においては、譲渡実行日以降は譲渡対象物の所有権が買主側に移転し、買主側による排他的支配が可能な状況となるので、特段誓約条項が設けられないことも多い。

しかし、株式譲渡契約の場合、譲渡後に買主側において譲渡対象会社の組織体制等の構成を自由にさせることは、譲渡対象会社に所属する従業員に不測の混乱を生じさせることがあり得るため、譲渡実行後も一定期間、譲渡対象会社と従業員の雇用関係を従前どおり維持することを約束させる等の誓約条項が設けられることが多い。また、売主側も譲渡対象会社が第三者との間で締結する各契約において、チェンジオブコントロール条項がある場合に、各契約が継続するように必要な協力を行うことを約束させる等、株主交代による影響を最小限に抑えることを目的とする誓約条項が設けられることが多い。

4　誓約条項に違反した場合の効果

(1)　総　論

誓約条項においては、一方当事者が他方当事者に対し一定の作為または不作為を約束することを内容とするものである以上、当該約束違反は、債務不履行を構成することとなる。

また、金銭消費貸借契約においては、期限の利益の喪失事由とされる。

(2)　契約締結日以降契約実行日までの間の誓約条項違反

誓約条項の履行が契約実行の前提条件となっている場合、当該前提条件が成就されなかった以上、一方当事者（誓約を求めた当事者）は契約実行義務から免れるという効果を生じさせる。

さらに、契約自体を債務不履行による解除をすることおよび損害賠償請求をすることが可能となる。

(3)　契約実行日以降契約終了日までの間の誓約条項

契約自体を債務不履行による解除をすることおよび害賠償請求をすることが可能となる。

また、上記のとおり、金銭消費貸借契約においては、期限の利益の喪失事由とされる。

	誓約条項違反の効果
契約締結日以降契約実行日までの間	・契約実行義務から免れる ・解除 ・損害賠償
契約実行日以降契約終了までの間	・解除 ・損害賠償 ・期限の利益の喪失（金銭消費貸借契約）

Ⅱ　誓約条項の具体的条項例

1　総　論

(1)　誓約条項のひな型の説明

　上記のとおり、契約締結日以降契約実行日までの間の誓約条項と、契約実行日以降契約終了日までの間の誓約条項に区別することができ、また、投資契約および金銭消費貸借契約の類型と株式譲渡契約等の譲渡契約との誓約条項に区分することができるので、それぞれに区分し、それぞれ誓約条項のひな型を記載することとする。なお株式譲渡契約等の譲渡契約のひな型については、種々あるので株式譲渡契約を典型例として記載する。

(2)　誓約条項のひな型の修正（義務の軽減）

　誓約条項は、一方当事者が他方当事者に対し、一定の作為または不作為等を誓約させるものであって、そもそも一方当事者（誓約をさせる側）に有利な条項である。したがって、本章において一方当事者（誓約をする側）に有利な条項または折衷的な条項という観点からは書式を整理していない。

　具体的な誓約条項の拘束力を弱める方法としては、誓約条項における誓約項目を減らすか、または、誓約条項の内容を義務条項とするのではなく、努力条項とすること等が考えられる。

2　契約締結日以降契約実行日までの間の誓約条項

(1)　投資契約

投資を受ける会社を「発行会社」とした。

（誓約条項）

第○条　発行会社は、本契約締結日後本払込日までの間、善良なる管理者の注意をもって、本契約締結日以前に行っていたところと実質的に同一かつ通常の業務執行の方法により、発行会社の事業の遂行並びに財産の管理及び運営を行うものとする。また、発行会社の各既存

株主は、発行会社をして、本契約締結日後本払込日までの間、善良なる管理者の注意をもって、発行会社が本契約締結日以前に行っていたところと実質的に同一かつ通常の業務執行の方法により発行会社の事業の遂行並びに財産の管理及び運営を行わせるものとする[1]。

2　発行会社は、本契約締結日後本払込日までの間に、発行会社の業績の悪化、簿外債務若しくは偶発債務の発生若しくはそのおそれのある事由の発生、訴訟等、知的財産権に関する問題、労働問題、法令等の違反の発生若しくはそのおそれのある事由の発生、その他発行会社の事業、業務、資産、負債、財政状態、経営成績、損益の状況、キャッシュフロー又は将来の収益計画に重大な悪影響を及ぼすおそれのある事由又は事象が生じたことを知った場合には、直ちに投資者に対してその内容を報告するものとする。

※1　投資契約の場合、投資対象会社のみではなく、投資対象会社の既存株主も投資契約の当事者とし、同じ内容の誓約をさせる場合がある。

(2)　**金銭消費貸借契約**

（誓約条項）

第○条　借入人は、本契約締結日後貸付実行日までの間、善良なる管理者の注意をもって、本契約締結日以前に行っていたところと実質的に同一かつ通常の業務執行の方法により、借入人の事業の遂行並びに財産の管理及び運営を行うものとする。

2　借入人は、本契約締結日後貸付実行日までの間に、借入人の業績の悪化、簿外債務若しくは偶発債務の発生若しくはそのおそれのある事由の発生、訴訟等、知的財産権に関する問題、労働問題、法令等の違反の発生若しくはそのおそれのある事由の発生、その他借入人の事業、業務、資産、負債、財政状態、経営成績、損益の状況、キャッシュフロー又は将来の収益計画に重大な悪影響を及ぼすおそれのある事由又は事象が生じたことを知った場合には、直ちに貸付人に対してその内容を報告するものとする。

(3)　株式譲渡契約

（誓約条項）

第○条　売主は、本契約締結日後譲渡実行日までの間、譲渡対象会社をして、善良なる管理者の注意をもって、本契約締結日以前に行っていたところと実質的に同一かつ通常の業務執行の方法により、譲渡対象会社の事業の遂行並びに財産の管理及び運営を行わせるものとする。

2　売主は、本契約締結日後譲渡実行日までの間に、譲渡対象会社の業績の悪化、簿外債務若しくは偶発債務の発生若しくはそのおそれのある事由の発生、訴訟等、知的財産権に関する問題、労働問題、法令等の違反の発生若しくはそのおそれのある事由の発生、その他譲渡対象会社の事業、業務、資産、負債、財政状態、経営成績、損益の状況、キャッシュフロー又は将来の収益計画に重大な悪影響を及ぼすおそれのある事由又は事象が生じた場合には、直ちに買主に対してその内容を報告するものとする。

3　契約実行日以降契約終了日までの間の誓約条項

(1)　投資契約

（誓約条項）

第○条　投資者は、必要に応じて随時、発行会社に対し、その業務又は財産の状況に関し報告もしくは資料の提出を求め、又は質問に対する回答を求めることができる。発行会社は、投資者の求めに応じて直ちに、発行会社の業務又は財産の状況について、投資者に報告し、資料を提出し、又は投資者の質問に回答をしなければならない。

2　投資者は、必要に応じて随時、発行会社の本社又はその他の営業所を訪問し、発行会社の帳簿、記録及び施設を閲覧、謄写又は検査することができる。発行会社はかかる閲覧、謄写又は検査に必要な

協力を行うものとする。

3　発行会社は、株主総会の2週間前までに、株主総会の目的である事項を投資者に通知する。発行会社は、投資者が議決権を行使するため合理的に請求する書面及び情報を投資者に提供する。

4　発行会社は、発行会社の他の株主に送付される全ての通知及び書面を、他の株主に対する送付と同時に、投資者に対しても送付する。

5　発行会社は、投資者の求めに応じて、投資者の指定する公認会計士による監査を受けなければならない。

6　発行会社は、以下に挙げる事項を行う場合には、投資者の事前の書面による承諾を要するものとする。

⑴　会社の目的、商号、本店所在地若しくは発行可能株式総数の変更

⑵　定款の変更

⑶　組織変更

⑷　株式、新株予約権、新株予約権付社債又はその他発行会社の株式を取得できる権利を発行、処分又は付与する場合及びその他の事情により投資者の発行会社に対する出資比率に変更を生じさせる事項を決定する場合

⑸　子会社の設立・他の会社の株式譲受等による子会社買収

⑹　合併・分割・株式交換・株式移転その他の企業結合又は第三者との資本提携

⑺　事業の全部又は一部の譲渡

⑻　事業の全部又は一部の譲受

⑼　事業の全部又は一部を業務委託し、又は、経営を委任すること

⑽　株式、債権、投資信託その他の金融商品を購入すること

⑾　不動産を購入すること

⑿　約束手形、先日付小切手又は振出日を空欄とした小切手の振出

⒀　社債の発行

⒁　金銭の借入れ

⒂　事業の休止及び廃止、解散その他事業継続に影響を与える行為

⒃　破産手続開始、会社更生手続開始、民事再生手続開始、特別清算開始の申立て

⒄　取締役、監査役の報酬の決定

⒅　取締役候補者、監査役候補者の選定

⒆　株主総会の議案の決定

⒇　取締役会規則の制定及び改廃

㉑　決算期の変更

7　発行会社は、発行会社の株主による株式の譲渡承認を求められた場合は、取締役会で承認する前に投資者の書面による同意を得なければならない。

8　発行会社は、以下の場合には、投資者に通知し、事前に投資者の書面による同意を得なければならない。

⑴　業務の重大な変更

⑵　従業員の雇用及び解雇

9　発行会社は、投資者が取締役会の開催を合理的に必要と判断して、その旨書面で通知した場合には、かかる書面の受領後7日以内に取締役会を開催しなければならない。

10　発行会社は、発行会社に係る以下の事項及び運営、財政状態、経営成績、信用状況等の点で重要なその他の事項の発生を知った場合、すみやかに、発生した事項の概要を投資者に書面により通知する。

⑴　災害又は業務に起因する損害

⑵　株主の異動

⑶　財産権上の請求に係る訴訟の提起、判決、和解又は裁判によらない訴訟の終結

⑷　営業若しくは事業の差止めその他これに準ずる処分を求める仮処分命令の申立て、決定又は裁判によらない手続の終結

⑸　免許の取消し、営業若しくは事業の停止その他これらに準ずる行政庁による法令に基づく処分又は行政庁による法令違反に係る告発

⑹　債務不履行のおそれの発生

　⑺　主要取引先との取引停止

11　発行会社は、常に適正な会計帳簿を維持する。

12　発行会社は、発行会社が投資者に交付した最近の事業計画書につき、重要な変更がある場合には投資者に速やかに通知する。

13　発行会社は、本件新株の発行により取得した資金を投資者が事前に書面により承諾した目的にのみ使用するものとし、その他の目的で使用しないものとする。

14　発行会社及び設立者は、法令、定款及び社内規則を遵守する。

⑵　株式譲渡における売買代金調達方法としての金銭消費貸借契約

（誓約条項）

第○条　財務関係報告書類

　　　借入人は、貸付人に対して、以下の規定に従い貸付人の承認する様式の以下の書類（以下「財務関係報告書類」という。）を貸付人に交付又は送付する方法により貸付人に提出する。なお、上記にかかる一切の費用は借入人負担とする。

　⑴　借入人は、毎月末日から30日以内に、月次営業報告書を提出しなければならない。

　⑵　借入人は各半期終了後90日以内に、当該半期にかかる半期営業報告書を提出しなければならない。

　⑶　借入人の毎会計年度の終了後90日以内に、借入人の当該会計年度にかかる監査済年次決算書、財務諸表及び営業報告書を提出しなければならない。

　⑷　その他、貸付人の合理的な根拠に基づく要求に従い、随時、借入人の財務状態又は営業に関する具体的事項について書面にて報告しなければならない。

　2　借入人は、以下に挙げる事項を行う場合には、貸付人の事前の書面による承諾を要するものとする。

　⑴　会社の目的、商号、本店所在地若しくは発行可能株式総数の変

　　　　更

　⑵　定款の変更

　⑶　組織変更

　⑷　株式、新株予約権、新株予約権付社債又はその他発行会社の株式を取得できる権利を発行、処分又は付与する場合

　⑸　子会社の設立・他の会社の株式譲受等による子会社買収

　⑹　合併・分割・株式交換・株式移転その他の企業結合又は第三者との資本提携

　⑺　事業の全部又は一部の譲渡

　⑻　事業の全部又は一部の譲受

　⑼　事業の全部又は一部を業務委託し、又は、経営を委任すること

　⑽　株式、債権、投資信託その他の金融商品を購入すること

　⑾　不動産を購入すること

　⑿　金○円を超える設備投資

　⒀　額面金○円を超える約束手形、先日付小切手又は振出日を空欄とした額面額金○円を超える小切手の振出し

　⒁　社債の発行

　⒂　累計金○円を超える金銭の借入れ

　⒃　事業の休止及び廃止、解散その他事業継続に影響を与える行為

　⒄　破産手続開始、会社更生手続開始、民事再生手続開始、特別清算開始の申立て

3　借入人は、借入人に係る以下の事項及び運営、財政状態、経営成績、信用状況等の点で重要なその他の事項の発生を知った場合、速かに、発生した事項の概要を貸付人に書面により通知する。

　⑴　災害又は業務に起因する損害

　⑵　株主の異動

　⑶　財産権上の請求に係る訴訟の提起、判決、和解又は裁判によらない訴訟の終結

　⑷　営業若しくは事業の差止めその他これに準ずる処分を求める仮処分命令の申立て、決定又は裁判によらない手続の終結

164

(5)　免許の取消し、営業若しくは事業の停止その他これらに準ずる
　　　行政庁による法令に基づく処分又は行政庁による法令違反に係る
　　　告発

(6)　債務不履行のおそれの発生

(7)　主要取引先との取引停止

4　借入人は、本件借入れにより取得した資金を本契約に定める目的
　　にのみ使用するものとし、その他の目的で使用しないものとする。

5　借入人は、法令、定款及び社内規則を遵守する。

6　借入人の事業について、経常利益が2期連続して赤字にならない
　　こと及び純資産が前期比70％を下回らないこと

(3)　不動産または不動産を信託財産とする信託受益権の売買代金調達方法と
しての責任財産限定特約付金銭消費貸借契約

(誓約条項)

第○条　借入人は、本契約締結日後本貸付債権全額が返済されるまでの間、
　　　　以下の事項を遵守する。

(1)　資本増加
　　　借入人は、本契約締結時における資本構成を変化させることと
　　なる資本の増加をしてはならない。

(2)　事業目的
　　　借入人は、○○並びにこれらに付随関連する業務を誠実に実施
　　し、貸付人の事前の書面による承諾なくして、これら以外の事業
　　を行い若しくは行う義務を負担する契約を締結し、又は他の事業
　　若しくは会社に対してその方法の如何にかかわらず投資、貸付、
　　保証その他の信用の供与を行ってはならない。借入人は、その財
　　産及びその事業に関して適用ある全ての法律、規則、規制、開示
　　公文書、ガイドライン、判決、決定及び命令を遵守する。

(3)　関連契約の変更等
　　　借入人は、貸付人の事前の書面による承諾なくして、関連契約

を解除し、期間満了前にこれを終了せしめ、又はその現行の条件を変更してはならない。また、借入人は、貸付人の承諾なくして、関連契約に基づく相手方の行為に関する同意、相手方の義務の免除又は自己の権利の放棄をしてはならず、また、本契約及び関連契約において予定された以外の契約を締結してはならない。さらに、借入人は、貸付人の事前の書面による承諾なくして本契約及び関連契約に基づく契約上の地位、又はかかる契約に基づく権利義務を第三者に譲渡その他処分してはならない。

(4)　通知義務

　借入人は、本契約又は関連契約上の期限の利益喪失事由、解除事由、義務履行免除事由又は義務違反が発生した場合、又は当該事由又は義務違反が発生した旨の通知を受領した場合には、速やかにその旨を書面にて貸付人に通知し、その詳細を説明する。

(5)　財務関係報告書類

　借入人は、貸付人に対して、以下の規定に従い貸付人の承認する様式の以下の書類を貸付人に交付又は送付する方法により貸付人に提出する。なお、上記にかかる一切の費用は借入人負担とする。

(a)　借入人は、毎月末日から30日以内に、月次営業報告書を提出しなければならない。

(b)　借入人は各半期終了後90日以内に、当該半期にかかる半期営業報告書を提出しなければならない。

(c)　借入人の毎会計年度の終了後90日以内に、借入人の当該会計年度にかかる監査済年次決算書、財務諸表及び営業報告書を提出しなければならない。

(d)　その他、貸付人の合理的な根拠に基づく要求に従い、随時、借入人の財務状態又は営業に関する具体的事項について書面にて報告しなければならない。

(6)　資産等の処分禁止

　本契約若しくは関連契約に別段の定めがある場合又は貸付人の

事前の書面による同意がある場合を除き、借入人は、○○その他の借入人の一切の財産について、これを譲渡若しくはその他の方法で処分し、若しくはこれに担保権（質権又は譲渡担保権を含むがこれに限られない。）を設定し、若しくは担保権の設定と実質的に同等若しくは類似の効果を生じる取引を行ない、又はこれらの行為を行なわない。

(7)　債務負担行為等の禁止

　借入人は、貸付人が事前に許諾した債務及び金○円未満の債務を除き、いかなる債務（借入れ、保証、買掛金、手形又は小切手の振出し、金融取引その他債務負担の原因、形式を問わない。）も負担してはならない。借入人は、貸付人の事前の書面による承諾がある場合を除き、起訴前の和解、裁判上の和解、強制執行認諾文言付公正証書の作成その他借入人に対する債務名義を第三者に付与する行為を行ってはならない。借入人は、第三者に対して通常の業務に基づき発生する債務以外の債務を負担することとなった場合、又は当該債務を負担することとなる蓋然性のある事実が発生した場合には、直ちに貸付人に書面により通知し、その詳細を報告する。

(8)　担保権の行使及びこれに代わる任意売却

　(a)　貸付人が担保権を実行する場合には、借入人は、担保権の行使が円滑に行われるよう、担保権の実行にともなう権利移転手続に協力し、その他貸付人の要求に従い貸付人に協力する。借入人は、本契約の他の条項に制限されることなく、(i)本契約に定める期限の利益喪失事由又は潜在的期限の利益喪失事由が発生した後、関連契約上借入人が行うことを義務づけられている全ての行為及び(ii)関連契約上特に規定されている場合を除き本契約に定める期限の利益喪失事由又は潜在的期限の利益喪失事由の発生の有無を問わず、関連契約に基づく全ての担保権を保全するために合理的に必要と認める一切の行為を、借入人に代わって借入人の費用において行使する権限（以下「本代理権」

という。）を、本貸付債権が返済されるまでの間、本契約書を
もって貸付人に対して付与する。本代理権行使に必要な他の権
限が存在する場合、借入人は、本契約書をもって貸付人に対し
てかかる権限を代わって行使する権限も合わせて付与する（但
し、貸付人は、本代理権その他の権限を行使する義務を負うもので
はない。）。

(b) 　本契約に定める期限の利益喪失事由又は潜在的期限の利益喪
失事由が発生した後に貸付人から要求があった場合には、借入
人は、貸付人の指示に従い、借入人の財産、関連契約、及び借
入人を当事者とするその他の契約上の地位の全部又は一部を貸
付人が指定する第三者に対して、合理的と認められる価額、時
期及び方法により売却し、当該第三者をして借入人の財産、関
連契約及び借入人を当事者とするその他の契約上の借入人等の
地位を有効に引き継がせ、かつ当該第三者が譲り受けた権利を
その他の第三者に対抗するために当該第三者又は貸付人が必要
と認める一切の行為を行う。当該行為には、売買契約の締結及
び履行、許認可の取得、第三者（関連契約の他方当事者を含む。）
の同意の取得その他当該任意売却に必要な一切の行為を含む。
借入人は、本契約書をもって、貸付人に対し、適用法令上有効
な限り、本契約に定める期限の利益喪失事由又は潜在的期限の
利益喪失事由が発生して存続する間、貸付人が単独で、借入人
に通知することなく、適宜、関連契約の相手方当事者から借入
人に対し支払われる全ての金員を借入人に代わって回収するこ
とを承諾する（但し、貸付人は、かかる回収をする義務を負うも
のではない。）。

(9) 　記録の保管・検査
　　借入人は、その本店に、会計帳簿、会計関係記録その他一般に
公正妥当と認められる会計処理手続上必要とされる一切の書類、
及び関連契約に関するその他一切の書類・記録を保管する。貸付
人の書面による要求がある場合には、速やかに貸付人が指定する

168

合理的部数の当該書類の写しを貸付人に提出しなければならない。また、当該書類の提出がなく貸付人が要求する場合には、貸付人又はその代理人（貸付人の選任する公認会計士及び税理士に限る。）が営業時間内に借入人の事務所内に立ち入り、当該書類を検査し、書類の写しを作成して持ち帰ることを認め、これに協力しなければならない。

(10)　重要事項の報告

借入人は、以下のいずれかの事由が発生した場合、速やかにその旨を貸付人に対して書面にて通知する。

(a)　本契約に定める期限の利益喪失事由又は潜在的期限の利益喪失事由が発生したこと。

(b)　借入人を被告、債務者、被申立人その他手続の相手方又は対象とする貸付人に通知されていない新たな訴訟、保全手続、強制執行手続、調停、仲裁、その他の司法又は行政手続（以下「借入人対象法的手続」という。）が行われたこと、又は行われる蓋然性があることを知ったこと。この場合には、借入人を対象とする法的手続の進行がある度に当該進行の内容につき書面にて報告する。

(c)　第○条に記載した表明保証事項が真実と異なっていたこと又はその後に変更となったこと。

(d)　いずれかの関連契約について期限の利益喪失事由又は潜在的期限の利益喪失事由が発生したこと。

(e)　その他借入人の本契約又は関連契約に基づく義務の履行に重大な悪影響を与える事実が発生したこと。

(11)　組織変更、破産手続開始申立て等の禁止

借入人は、本契約又は関連契約において別段の定めがある場合を除き、貸付人の承諾なくして、以下の行為を行なってはならない。本号(d)及び(h)については、本貸付が完済された日から1年と1日を経過するまで同様とする。

(a)　定款の変更（商号の変更を含むがこれに限られない。）

- (b) 資本減少、合併、事業譲渡、会社分割、重要な資産の譲渡、組織変更
- (c) 社員、職務執行者の変更
- (d) 破産手続開始、再生手続開始、その他の倒産手続（将来制定又は適用される倒産処理手続を含む。）の開始の申立て又は解散の決議
- (e) 経営委任
- (f) 本店の移転、支店の設置・移転・廃止
- (g) 借入人の社員に対する配当
- (h) 社員持分の譲渡に対する承諾

⑿　届出事項

　　借入人の名称、商号、代表者、代表者印、住所、電話番号、ファクシミリ番号、その他の届出事項に変更があった場合には、貸付人に対して直ちに報告しなければならない。

　　また、変更後の履歴事項全部証明書及び印鑑証明書その他貸付人が要求する書類を貸付人に対して提出しなければならない。

⒀　法令の遵守・承認等の維持

　　借入人は、適用のある全ての法令を遵守し、これに違反しない。借入人は、適用のある法令に関連して、担当官庁、地方自治体等から指導、勧告、命令等を受けた場合、借入人の費用で直ちに当該指導、勧告、命令等に従う。また、借入人は、本契約及び関連契約に基づく権利の行使及び義務の履行、若しくはかかる契約の有効性又は強制執行可能性維持のために必要な一切の承認、許可、授権又は同意を維持し、もし必要とされる場合には、速やかにこれらを取得し、その他必要な一切の手続を履践し、完了する。

⒁　環境法規の遵守[3]

- (a) 借入人は、現在又は本契約締結日以降効力を有する、健康、安全、産業衛生、環境、自然資源又は危険物質に関連し、又はこれを規制する全ての適用ある国、都道府県及び市町村の法律、条例、規則（制定法又は行政命令若しくは裁判所命令が

　　　義務づけるものであるか否かを問わない。）（以下「環境法」と総
　　　称する。）を遵守したうえで、本不動産を管理、修復及び維
　　　持し、又は管理、修復及び維持せしめ、かつ本契約及び関連
　　　契約が認める範囲で、全てのテナントをして本不動産を同様
　　　に管理、修復及び維持させるよう商業上合理的な努力を払う。

　(b)　借入人は、本不動産の中又は上における危険物の存在若しく
　　　はこれに関連する環境法の不遵守、又は前(a)に記載された誓
　　　約の違反に起因し、又は何らかの形でこれらと関連する、あ
　　　らゆる損失、責任、損害、請求、費用及び支出（防御にかか
　　　る合理的な費用を含む。）につき、貸付人を補償し、防御し、
　　　免責する。但し、借入人は、当該損失、責任、損害、請求、
　　　費用又は支出がもっぱら貸付人の過失又は故意を原因として
　　　いる場合、かかる限度において当該補償責任を負わない。本
　　　条に基づく借入人の義務は、本貸付の返済又は本不動産若し
　　　くは本信託受益権における権利、権原及び権益の移転又は売
　　　却（担保権実行、代物弁済又はその他を根拠とするか否かを問わ
　　　ない。）にかかわらず、継続する。

⒂　本保険契約
　　　借入人は第〇条に基づき締結した保険契約（以下「本保険契約」
　　という。）を維持（本保険契約の継続及び更新を含む。）する。

⒃　本保険契約に基づく保険金
　　　本保険契約に基づいて支払われる保険金の使用については、借
　　入人は、貸付人の事前の書面による指示に従う。

※2　いわゆる SPC（特別目的会社）が借入人となる場合、SPC を当事者とする複
　　数の契約が締結されることが多い。
※3　いわゆる SPC（特別目的会社）が保有する資産が不動産である場合、上記の
　　ような詳細な環境法令にかかる誓約条項が設けられることが多い。

(4)　株式譲渡契約

（誓約条項）

第○条　売主は、譲渡実行日後も譲渡対象会社株主総会の開催日までの間、現役員をして、善良な管理者の注意義務をもって譲渡対象会社の通常の業務に属する業務のみを行わせる。

2　売主は、現役員をして、譲渡実行日後初めて開催される譲渡対象会社の定時株主総会において、買主の指定する者をそれぞれ取締役又は監査役に選任する議案を上程させる。ただし、買主が求めたときは、売主は、現役員をして、当該定時株主総会の開催日より前にすみやかに対象会社において買主の指定する者をそれぞれ取締役又は監査役に選任する議案を上程するための臨時株主総会を開催させる。

3　売主は、本契約締結日において売主から譲渡対象会社へ出向している従業員がいる場合には、当該従業員に関する出向契約の終了、変更又は更新については、対象会社の事業の円滑な運営を確保するとの観点から適宜買主と協議し、買主との合意をもって対応するものとする。

4　買主は、譲渡実行日以後も、対象会社において譲渡対象会社の従業員の雇用を継続するものとし、その労働条件については従前の雇用条件を維持する。ただし、本項は法定の解雇事由のある場合における従業員の解雇を制限するものではない。

172

《コラム・誓約条項》

　誓約条項は、従来日本において使用される典型的な契約書には存在しなかった条項であり、英米法に由来することから、やや馴染みがないようにも思える。しかし、誓約条項が一定の作為または不作為を定める条項であることから、文言としては、「〜せよ。」「〜しなければならない。」（作為）、「〜するな。」「〜してはならない。」（不作為）という表現となることが多いことを考えると、あまり難しく考えることなく、従来の日本の契約書に存在した義務条項や禁止条項と類似するものと大雑把にとらえるならば、誓約条項にも馴染んでいけるものと思われる。

第12章 解除に関する条項

Ⅰ チェックポイント

1 本条項の要否を検討すべき契約類型

(1) 本条項の必要性

　解除は有効に成立した契約関係を解消することを目的とした制度であり、契約当事者としては、あらかじめ定めた解除事由が発生した場合には、当該契約に基づく義務の履行を免れることを求めることもあるため、一般的に、約定解除事由を定めることが必要となる。

(2) 解除の意義・効果

(ア) 解除の意義

　「解除」とは、一定の事態が発生したことを理由として、一方当事者の意思表示により、契約を終了させることをいう。

　解除には、当事者が合意した一定の事態が発生したときに解除権が認められる場合（約定解除）と法律の規定に基づいて一定の事態が発生したときに解除権が認められる場合（法定解除）があるところ、約定解除の場合には、解除権の発生やその効果等を当事者の合意によって定めることになるため、契約において解除に関してどのように定めるかが重要となる。

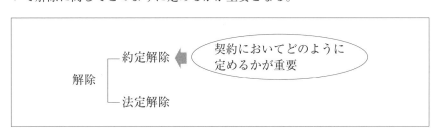

　また、解除は、契約の相手方に対する一方的な意思表示によって行われ（改正後民540条1項）、この意思表示が相手方に到達することによって、解除の効果が生じる（改正後民97条）。

　　(イ)　解除の効果

　解除は、いったん有効に成立した契約関係を解消して、契約が締結されなかったことと同様の状態に回復し、契約の拘束力から一方当事者を解放することを目的とした制度である。

　具体的には、契約の解除によって、各当事者は、その相手方を原状に復させる義務（原状回復義務）を負うことになる（改正後民545条1項）。

　相手方を原状に復させる（原状回復）とは、解除によって契約は締結の当初に遡って締結されなかったことになると解され（＝遡及的に消滅）、契約当事者は、契約に基づいて何らかの給付をしている場合にはそれを返還することとなり、また、契約に基づいて何らかの給付をしていない場合には契約に基づく給付義務を負わなくなることを意味する。

　たとえば、不動産売買契約を締結した後、買主が支払期限に売買代金を支払わなかったとしても、売主の所有権移転義務（引渡義務）が当然に消滅するものではなく、当該不動産売買契約が存続している間は売主としての義務を負うことになる。

　そこで、売主としては、当該不動産売買契約を解除することによって、当該不動産売買契約に基づく売主としての義務を免れることにより、新たに第三者に対して当該不動産を売却することができるようになる。また、買主が、売主に対して、手付金を支払っているような場合には、売主は受領した手付金を返還する義務を負うことになる。なお、解除によって買主に違約金の支払義務が発生する場合には、手付金は違約金に充当され、実際には返還されないことも多い。

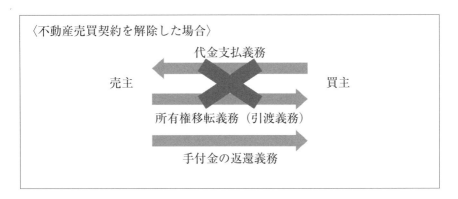

(3)　本条項の要否を検討すべき契約類型

　解除は、契約の拘束力から一方当事者を解放することを目的とした制度であるため、売買契約や賃貸借契約、請負契約といった双方が義務を負う契約類型では必要になると考えられる。

　特に、一定期間の継続的な契約関係を前提とする賃貸借契約において、中途解約権（＝賃貸借契約期間中に一方当事者の意思によって契約を終了させる権利）を定めなかった場合、賃貸借契約期間中は、法定解除事由や約定解除事由等が発生しない限り、賃貸借契約を解除できないことになるため、契約当事者としては、中途解約権を定めるか否かの検討が必要である（民618条）。

　また、改正後民法では「書面によらない贈与は、各当事者が解除をすることができる」（改正後民550条）と定められ、一方当事者のみが契約に基づく義務を負う片務契約である贈与契約においても「解除」を認めている。

　さらに、株式譲渡契約や当事者が多数いる場合や権利関係の処理が複雑な場合の不動産売買契約等、契約の実行日以降に法定解除または約定解除を認め、原状回復義務の履行を求めることが困難となる契約類型や契約当事者が原状回復を希望しない契約類型（＝契約を遡及的に消滅させると、かえって実務が混乱するような契約類型）の場合には、法定解除または約定解除を認めないことを定める場合もある。

　なお、消費者契約法では、「消費者」が「事業者」と契約を締結する場合、消費者の解除権を放棄させる条項は、消費者の利益を不当に害する契約条項として無効になることが定められている（消費者契約法8条の2）。

　したがって、解除条項については、契約類型にかかわらず、一般的に必要になる条項と考えられる。

⑷　催告解除と無催告解除

　解除には、催告解除と無催告解除の二つの類型がある。

　「催告解除」とは、履行の催告をしたうえで、相当の期間が経過した後も履行がない場合に解除するものをいい、「無催告解除」とは、催告を要せずに解除するものをいう。

```
         ┌─催告解除　：〔債務不履行〕＋〔催告〕＋〔相当期間の経過〕
         │              ＋〔解除の意思表示〕
   解除   │              →　　解除
         │
         └─無催告解除：〔債務不履行〕＋〔解除の意思表示〕
                        →　　解除
```

　一般的には、催告によって債務不履行状態の是正が可能である場合には催告解除とし、その是正が客観的にできない場合や相当期間の経過を待つ必要性が乏しい場合には無催告解除とすることが多い。

　また、契約当事者が無催告解除を意図する場合には、契約書において特に無催告解除事由として定めておく必要がある。

2　民法の改正による影響

⑴　催告解除

㋐　解除の要件

　改正後民法において、改正前民法と同様に催告解除が定められるとともに、新たに相当の期間が経過した時における債務の不履行がその契約および取引通念に照らして軽微であるときには解除できないことが定められた（改正後民541

```
催告解除の要件：　相当の期間　＋　軽微でないこと
```

条）。

(イ)　「相当の期間」の考え方

催告解除における「相当の期間」とは、履行を準備し、これを履行するため要する期間を意味すると解され（大判6・6・27民録23輯1153頁）、債務の性質その他の客観的事情によって定まることとなるが、「相当の期間」をあらかじめ明確にしておくために、契約書において具体的な日数を定めることもある。

(ウ)　「軽微」性の判断

「軽微」といえるか否かは、当該契約および取引上の社会通念に照らして判断される。具体的には、①不履行の態様の軽微性および、②違反された義務の軽微性が問われると考えられるが、たとえば、不履行部分が数量的にわずかである場合や付随的な義務の不履行にすぎない場合等が「軽微」と考えられる。

(2)　無催告解除

改正後民法において、催告によらない解除（＝無催告解除）として5類型が定められた（改正後民542条）。

---

① 債務の全部の履行が不能であるとき。

② 債務者がその債務の全部の履行を拒絶する意思を明確に表示したとき。

③ 債務の一部の履行が不能である場合または債務者がその債務の一部の履行を拒絶する意思を明確に表示した場合において、残存する部分のみでは契約した目的を達することができないとき。

④ 契約の性質または当事者の意思表示により、特定の日時または一定の期間内に履行をしなければ契約をした目的を達することができない場合において、債務者が履行をしないでその時期を経過したとき。

⑤ 前各号に掲げる場合のほか、債務者がその債務の履行をせず、債権者が前条の催告をしても契約をした目的を達するのに足りる履行がされる見込みがないことが明らかであるとき。

---

(3)　帰責性要件の撤廃

改正前民法では、履行不能による解除の要件として債務者に帰責事由があることが明文で要求されており（改正前543条）、また改正前民法541条（履行遅滞

による解除）および改正前民法542条（定期行為の解除）では、債務者に帰責事由があることは明文では要求されていないものの、解除に債務者の帰責事由が必要であると解されてきた。

　しかし、解除は債務者に対する制裁ではないので帰責性は関係がないという批判があり、裁判実務においても債務者に帰責事由がないことを理由に解除が否定されることがほとんどないとの指摘がなされた。

　そこで、改正後民法では、解除の要件として債務者の帰責事由を要求しないこととなった。

　他方で、債務の不履行が債権者の責めに帰すべき事由による場合には、契約の解除はできないと定められた（改正後民543条）。

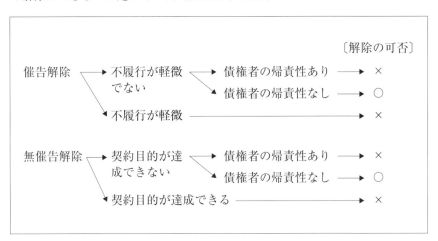

3　約定解除において定められる解除事由

(1)　総　論

　約定解除の場合、どのような事項を解除事由として定めるかが重要となることから、契約上の立場（たとえば、売主なのか、買主なのか）や契約の解除を広く認める必要性があるか否か等、契約類型ごとに解除事由を検討していくことが重要である。

(2)　催告解除の類型

　一般的には、債務不履行の状態があったとしても、契約の継続について一定

程度の期待を有する場合に、催告解除としての解除事由が定められる。

　典型的な解除事由としては、一定の期間を定めて履行の催告をし、当該期間内に是正がなかった場合は契約を解除する旨の解除事由を定めることである。

(3)　無催告解除の類型

　一般的には、契約の継続を期待できない場合に無催告解除事由として解除事由が定められる。なお、改正後民法では、上述したとおり、5類型の無催告解除事由が定められている（改正後民542条）。

　典型的な解除事由としては、たとえば、当該義務違反によって契約を締結した目的を達することができない場合や債務者の信用状態に不安がある場合、契約関係を継続することが困難と認められる場合が解除事由として定められる。

Ⅱ　文　例

1　典型的な文例

（解除）

第○条　甲及び乙は、相手方当事者が本契約に基づく義務に違反した場合において、相手方当事者に対し、相当の期間を定めて当該義務の履行を催告したにもかかわらず、その期間内に当該義務が履行されないときは、本契約を解除することができる。

　2　甲及び乙は、相手方当事者が次のいずれかに該当した場合には、何らの催告を要せずして、本契約を直ちに解除することができる。

　(1)　支払停止又は支払不能の状態に陥ったとき

　(2)　差押え、仮差押え、仮処分、強制執行又は競売の申立てを受けたとき

　(3)　公租公課の滞納処分を受けたとき

　(4)　破産手続開始、民事再生手続開始、会社更生手続開始、特定調停手続の開始若しくは特別清算手続開始の申立てがなされ又は自

　らかかる申立てを行ったとき

　(5)　監督官庁等から営業の停止若しくは営業に係る許可の取消し又
　　はこれらに類する処分を受けたとき

　(6)　本契約を継続し難い重大な事由が存するとき

　3　本条による解除は、相手方に対する損害賠償請求を妨げるもので
　はない。

2　解除事由を詳細に定めかつ解除権者に有利な文例

（解除）

第○条　甲及び乙は、相手方当事者が本契約に基づく義務に違反した場合
　において、相手方当事者に対し、7日以内に当該義務を履行するよ
　　　　　　　　　　　　　　　　　1
　うに催告したにもかかわらず、その期間内に当該義務が履行されな
　いときは、本契約を解除することができる。

　2　甲及び乙は、相手方当事者が次のいずれかに該当した場合には、
　何らの催告を要せずして、本契約を直ちに解除することができる。

　(1)　本契約に基づく義務に違反し、かつ、当該違反を是正したとし
　　ても、本契約の目的を達成することが困難であるとき

　(2)　支払停止又は支払不能の状態に陥ったとき

　(3)　自己振出若しくは自己引受の手形又は自己振出の小切手が不渡
　　りになったとき

　(4)　資産、信用又は支払能力等に重要な変更を生じたと甲又は乙が
　　判断したとき
　　　　　　　　2

　(5)　差押え、仮差押え、仮処分、強制執行又は競売の申立てを受け
　　たとき

　(6)　公租公課の滞納処分を受けたとき

　(7)　破産手続開始、民事再生手続開始、会社更生手続開始、特定調
　　停手続の開始若しくは特別清算手続開始の申立てがなされ又は自

らかかる申立てを行ったとき

⑻　監督官庁等から営業の停止若しくは営業に係る許可の取消し又はこれらに類する処分を受けたとき

⑼　合併によらず解散し又は解散したものとみなされたとき

⑽　事業の全部若しくは重要な一部を譲渡し又は営業を廃止したとき

⑾　株主構成、役員の変動等により会社の実質的支配関係が変化し、従前の会社との同一性が失われたと甲又は乙が判断したとき²

⑿　相手方当事者の名誉、信用を失墜させ、若しくは相手方当事者に重大な損害を与えたとき又はそのおそれがあると甲又は乙が判断したとき²

⒀　本契約を継続し難い重大な事由が存すると甲又は乙が判断したとき²

3　本条による解除は、相手方に対する損害賠償請求を妨げるものではない。

※1　義務の履行を求める「相当の期間」について7日間と定めた。契約類型や義務の内容に応じて個別具体的に期間を定めることが必要である。また、7「営業日」と定める場合もある。

※2　解除事由に該当するか否かの判断を契約の一方当事者（＝解除権者）の判断（裁量）に委ねることとしている。

3　折衷的な文例

（解除）

第○条　甲及び乙は、相手方当事者が本契約に基づく義務に違反した場合において、相手方当事者に対し、14日以内³に当該義務を履行するように催告したにもかかわらず、その期間内に当該義務が履行されないときは、本契約を解除することができる。

2　甲及び乙は、相手方当事者が次のいずれかに該当した場合には、

何らの催告を要せずして、本契約を直ちに解除することができる。

(1) 本契約に基づく義務に違反し、かつ、当該違反を是正したとしても、本契約の目的を達成することが困難であるとき

(2) 支払停止又は支払不能の状態に陥ったとき

(3) 資産、信用又は支払能力等に重要な変更を生じたと認められる客観的事情が存するとき[4]

(4) 本契約を継続することが困難と認められるような財産について[5]差押え、仮差押え、仮処分、強制執行又は競売の申立てを受けたとき

(5) 公租公課の滞納処分を受けたとき

(6) 破産手続開始、民事再生手続開始、会社更生手続開始、特定調停手続の開始若しくは特別清算手続開始の申立てがなされ又は自らかかる申立てを行ったとき

(7) 監督官庁等から営業の停止若しくは営業に係る許可の取消し又はこれらに類する処分を受けたとき

(8) 合併によらず解散し又は解散したものとみなされたとき

(9) 相手方の名誉、信用を失墜させ、若しくは相手方に重大な損害を与えたとき又はそのおそれがあると認められる客観的事情が存するとき[4]

(10) 本契約を継続し難い重大な事由が存すると認められる客観的事情が存するとき[4]

3 本条による解除は、相手方に対する損害賠償請求を妨げるものではない。

※3 義務の履行を求める「相当の期間」について14日間と定めた。契約類型や義務の内容に応じて個別具体的に期間を定めることが必要である。

※4 解除事由に該当するか否かの判断を契約の一方当事者（＝解除権者）の判断（裁量）に委ねるのではなく、客観的事情が存することまで必要とした。

※5 差押えや仮差押え等の対象となる財産を一定の財産に制限することにより解除事由を狭く定めることとした。

4　解除権を認めないことを定めた文例

　株式譲渡契約において、株式譲渡契約の実行日以降には解除を認めないことを定めた文例

（解除）

第○条　売主及び買主は、相手方当事者に以下の各号のいずれかの事由があった場合には、相手方当事者に対して、直ちに本契約を解除することができる。

⑴　支払停止又は支払不能の状態に陥ったとき

⑵　差押え、仮差押え、仮処分、強制執行又は競売の申立てを受けたとき

⑶　公租公課の滞納処分を受けたとき

⑷　破産手続開始、民事再生手続開始、会社更生手続開始、特定調停手続の開始若しくは特別清算手続開始の申立てがなされ又は自らかかる申立てを行ったとき

⑸　監督官庁等から営業の停止若しくは営業に係る許可の取消し又はこれらに類する処分を受けたとき

⑹　本契約に定める表明及び保証に違反があった場合[6]

⑺　本契約の義務に重大な違反があり、相当期間を定めて催告したにもかかわらず、当該期間内にこれを是正しない場合

2　前項の規定にかかわらず、売主及び買主は、本契約に基づく実行日以降は、本契約を解除できないものとする。[7]

3　前項の場合、売主及び買主は、相手方当事者が本契約に基づく義務に違反した結果、損害を被ったときは、相手当事者は、直接又は間接を問わず、その一切の損害、損失及び費用（合理的な弁護士費用及び付随する訴訟費用を含む。）を賠償しなければならない。[8]

4　前項の賠償は、金3億円を上限とする。[9]

※6　株式譲渡契約においては、表明保証条項が定められることもあるため、表明

　および保証に違反があった場合を解除事由とした。なお、表明および保証に「重大な」違反があった場合に限って、解除事由とする場合もある。

※7　実行日以降は解除できないことを定めた。

※8　実行日以降の解除を認めないこととする一方で、損害賠償の範囲については、民法が定める損害賠償の範囲（相当因果関係の範囲）よりも広く定めることとした。

※9　民法が定める損害賠償の範囲（相当因果関係の範囲）よりも広い損害賠償責任を負う可能性があることから、損害賠償額の上限を定めた。実行日以降に発生し得る損害を考慮のうえ、具体的な金額を定めることになるが、たとえば株式譲渡代金に相当する額を上限として定めることもある。

《コラム・意思表示の到達の証明方法》

　解除の効果は、解除の意思表示が相手方に到達することにより発生するところ（民97条1項）、解除の意思表示が相手方に到達した事実を証明するために、内容証明郵便を送付する方法によって、解除の意思表示をする場合も多い。

　もっとも、相手方によっては、内容証明郵便の受取りを拒絶する場合や不在のまま受け取らない場合もあり、このような場合には、内容証明郵便の送付とあわせて、書留や普通郵便の送付、FAXの送付、ポストへの投函等の方法をとることで、解除の意思表示が到達した事実を証明することがある。

第13章　競業避止に関する条項

$\boxed{\text{I}}$　チェックポイント

1　本条項の要否を検討すべき契約類型

(1)　競業避止条項とその必要性

「競業避止条項」とは、一方当事者（以下、「甲」という）が他方当事者（以下、「乙」という）に対し、甲が現在行っている事業と同一または類似する事業を自ら（乙が当該事業を行っている甲以外の会社に就職することを含む）または第三者をして行わせないことを内容とするものである。

競業避止条項は、法律上、競業避止義務が課せられる場合を除き、契約当事者は競業避止義務を負うものではない。そのため、甲が乙に対し競業避止義務を課す必要がある場合には、競業避止条項を定めておくことが必要となる。

競業避止義務を課す必要がある場合とは、役職員の退職等の場合についていえば、甲のノウハウ等を熟知する乙が自由に競業をできるとしたならば、甲のノウハウ等の流出につながる可能性があり、甲の事業における優位性を減殺することになるため、これを防止することである。また、事業譲渡等の場合についていえば、乙に対し甲が譲渡した事業と同じ事業を甲が新たに行い競業をできるとしたならば、事業を譲り受けた乙が事業を譲り受けた意味を減殺することとなるため、やはりこれを防止することである。

(2)　競業避止条項を検討すべき契約類型

競業避止条項の要否を検討すべき契約類型には、以下のようなものがある。ただし、以下のものに限らず、上記のとおりの趣旨のもとに適宜各契約の条項の一つとなる場合がある。

㈠　役員の退任・辞任、従業員の退職時の誓約書

役員の退任・辞任または社員の退職時において、会社が当該役員または従業員から取得する退任・辞任（退職）時の誓約書などに、当該役員または従業員が会社の競業会社の役員または従業員に就任しない、または自ら競業会社を立ち上げないことを誓約させるというものがある。これは、当該役員または従業員は当該会社の事業のノウハウ等を熟知しており、仮に競業または競業会社への就職等を許容してしまった場合は、当該会社の優位性を減殺してしまうことになるからである。

なお、役員の退任・辞任または社員の退職時において、誓約書を取得することが多いと思われるが、役員の退任・辞任または社員の退職時において、このような誓約書を取得することが困難である場合も多いと思われるため（すなわち、役員の退任・辞任または社員の退職時に必ずしも関係が良好であると思われないからである）、役員の就任時または社員の就職時にこのような誓約書を取得しておくこともあり得る。

㈡　事業譲渡契約、株式譲渡契約

事業譲渡契約または株式譲渡契約などの場合、譲受人が譲渡人に対し当該事業または当該会社の競業となる事業を行わせないというものがある。これは、譲渡人は当該事業または当該会社の事業のノウハウ等を熟知しており、仮に競業を許容してしまった場合は、当該譲渡の意義を減殺してしまうことになるからである。

㈢　知的財産権の使用許諾契約

特許権や著作権等の知的財産権の使用許諾契約の場合、許諾者が被許諾者に対し、当該知的財産権を使用した事業と競業する事業を行わせないというものがある。これは、許諾者からみると、知的財産権の使用許諾をした場合、使用許諾料がどの程度見込めるかが肝要となるが、競業を許容した場合は、その見込まれる使用許諾料が減額される可能性が出てきてしまうからである。

㈣　フランチャイズ契約

フランチャイズ契約の場合、フランチャイザー（本部側）がフランチャイジー（加盟店側）に対し、競業を行わせないというものがある。これはフランチャイズ契約において各種ノウハウおよびブランド等の提供を行うので、競業を

許容した場合、当該ノウハウ等を使用されてしまう可能性があるため、フランチャイザーの優位性が減殺されるほか、ブランドイメージの統一性にも支障を来すことになるからである。

2　競業の対象となる事項

　競業避止条項において、一番問題となるのは何をもって競業の対象とするかという問題である。この範囲を広範にすれば、競業をさせない側においては有利となるし、競業避止義務を負担する側においては不利となる。他方においてこれを狭めれば、その逆の結果となる。

　競業の対象となる範囲については事業の種類のほか、事業を行う地域というものも対象として検討される場合がある。

　競業の範囲ついては、一般的には、「当該対象となる事業及びこれに類似する事業」というような定義であることが多いと思われる。

3　競業避止の期間

(1)　期間の問題

　競業避止条項において、競業避止期間を定める場合がある。当然のことながら、競業をさせない側においては無期限とすることが一番よいわけだが、競業避止義務を負担する側においては、相当の期間はともかくその後の事情等の変更により競業を行う可能性はあるわけだから、無期限ではなくその期間はできる限り短期であることが望ましいこととなる。

(2)　期間の長さ

　競業避止の期間については、役員または従業員の退任時または退職時の誓約については、1年程度という範囲が多いのではないかと思われる。これ以上の長期は、職業選択の自由（憲法22条）を阻害するものとして許容されない可能性が高くなる。

　他方、事業譲渡契約または株式譲渡契約においては2年から5年前後が多いのではないかと思われる。ただし、将来にわたって競業を行わないという場合は無期限というものもあり得る。また、知的財産権の使用許諾契約またはフランチャイズ契約においては当該契約期間中および当該契約期間終了後2年程度

とするものが多いのではないかと思われる。

4　競業避止条項に関する留意点（無効とされないために）

(1)　役員または従業員の競業をしない旨の誓約書の場合

　役員または従業員の退任または退職時の誓約については、上記のとおり、職業選択の自由を阻害するものであるので、一定の代替措置をとることなく漠然と当該制約を課することは当該条項が公序良俗に反し無効となることに気をつける必要がある（奈良地判昭45・10・23・判時624号78頁参照）。なお、ここでいう代替措置とは、退職慰労金または退職金等の割増支払い等の経済的補償を意味する。

　さらに、競業避止条項は単に役員または従業員の職業選択の自由を阻害する目的であってはならない以上、そもそもノウハウ等に接することがなかった役員または従業員に対し競業避止義務を課すことは公序良俗に反し無効となる可能性があるし、仮にノウハウ等に接する役員または従業員であっても、地域または期間等を限定すれば競業避止条項の目的は達成するということであるならば、当該限定のない競業避止条項はやはり公序良俗に反し無効とされる可能性があることには留意する必要がある。

(2)　事業譲渡契約等

　事業譲渡契約または株式譲渡契約、知的財産権の使用許諾契約またはフランチャイズ契約においては、競業避止義務を課すことの代替措置は特段とられることはない。

　これらは、競業避止義務を課すことを求める当事者が、相手方当事者が競業を行うことを許容した場合にどの程度の危険が発生するかまた発生した場合に当該危険を甘受し得るかの問題である。したがって、危険が発生しないまたは発生した場合であっても当該危険は織り込み済であれば、競業避止を課する必要性はさほど大きくないし、他方、重大な危険が発生するということであれば、競業避止を課する必要性が大きいということになる。

Ⅱ 役員または従業員の退職後に競業をしない旨の誓約書の場合

1 典型的な文例

> （競業避止に関する誓約）
>
> 第○条　私は、貴社の事前の書面による承諾がない限り、〔退職後／退任後〕1年間、貴社と同種又は類似の事業を行う会社の従業員となり又は同会社の役員に就任致しません。

2 一方当事者に有利な文例

(1) 会社側に有利

> （競業避止に関する誓約）
>
> 第○条　私は、貴社の事前の書面による承諾がない限り、〔退職後／退任後〕2年間、貴社と同種又は類似若しくはこれに関連する事業を行う会社の従業員、役員、顧問又はアドバイザー等に就任致しません。

※1　競業避止義務を負担する期間を2年間に延長した。

※2　競業の対象を「関連する事業」にまで拡大した。

※3　従業員または役員に限らず、顧問等の委任契約関係にあるような立場による関与も認めないようにした。

（注）　本条項は、かなり会社側に有利なものであって、かつ、役員または従業員に対する代替措置もないものであって、必ず有効となり得るものではない条項であることに留意する必要がある。したがって、このような条項の場合は代替措置を設けたほうがよい。

(2)　役員または従業員に有利

（競業避止に関する誓約）

第○条　私は、貴社の事前の書面による承諾がない限り、〔退職後／退任後〕6か月間、貴社と同種の事業を行う会社の従業員となり、又は同会社の役員に就任致しません。但し、当該誓約は、貴社から私に対する当該誓約に係る補償金500万円が支払われることを条件とします。

※4　競業避止義務を負担する期間を6カ月間に減縮した。

※5　競業の対象を「同種の事業」に限定した。

※6　競業避止義務を負担する代替措置を入れた。なお、金額は例示である。

3　折衷的な文例

（競業避止義務に関する誓約）

第○条　私は、貴社の事前の書面による承諾がない限り、〔退職後／退任後〕1年間、貴社と同種又は類似の事業を行う会社の従業員となり、又は同会社の役員に就任致しません。但し、当該誓約は、貴社から私に対する当該誓約に係る補償金200万円が支払われることを条件とします。

※7　競業の対象および競業避止義務の期間を典型的な文例と同じにしたが、競業避止義務を負担する代替措置を入れることによって、役員または従業員に当該誓約書に押印してもらいやすくした。

Ⅲ　株式譲渡契約または事業譲渡契約の場合

1　典型的な文例

甲：当該請求対象会社　乙：義務者

（競業避止義務）

第○条　乙は、甲の事前の書面による承諾がない限り、甲と類似又は同種
　　　の事業を 5 年間行わない。

2　一方当事者に有利な文例

(1)　譲受人に有利

（競業避止義務）

第○条　乙は、甲の事前の書面による承諾がない限り、次の行為を行わな
　　　い。
　　1　甲の事業と全部若しくは一部が競合し、又は競合する具体的なお
　　　それのある事業を直接又は間接に行うこと[1]。
　　2　第三者が甲の事業と全部又は一部が競合し、又は競合する具体的
　　　なおそれのある事業を行うことを援助すること（当該第三者の株式、
　　　持分若しくはこれらに類する権利（パートナーシップに基づく権利利益、
　　　構成員としての権利利益を含む。）を取得若しくは保有すること及び業務
　　　提携等を行うことを含むがこれらに限られない。）。

※ 1　競業避止義務を負担する期間を無期限とした。

(2)　譲渡人（乙）に有利

（競業避止義務）

第○条　乙は、甲の事前の書面による承諾がない限り、甲と同種の事業を
　　　　２年間行わない。

※2　競業避止義務を負担する期間を限定した。

3　折衷的な文例

（競業避止義務）
第○条　乙は、甲の事前の書面による承諾がない限り、甲と同種又は類似
　　　　の事業を５年間行わない。但し、甲は当該承諾を合理的な理由なく、
　　　　拒絶しないものとする。

※3　競業の対象および競業避止義務を負担する期間は典型例と同じくしたが、承
　　諾を自由裁量とするのではなく合理的な理由がある場合に限定して、一定の配
　　慮をしたため、折衷的な文例とした。

Ⅳ　特許権や著作権等の知的財産権の使用許諾契約の場合

1　典型的な文例

甲：ライセンサー　乙：ライセンシー

（競業避止義務）
第○条　乙は、本契約存続期間中、甲と同種又は類似の事業を行ってはな
　　　　らない。
　　2　本条項は本契約終了後１年間有効とする。

2　一方当事者に有利な文例

(1)　ライセンサーに有利

（競業避止義務）

第○条　乙は、本契約存続期間中、甲と同種又は類似若しくはこれと関連する事業を行ってはならない。

2　本条項は本契約終了後3年間有効とする。

※1　競業の対象を拡張した。

※2　競業避止義務を負担する期間を延長した。

(2)　ライセンシーに有利

（競業避止義務）

第○条　乙は、本契約存続期間中、甲と同種の事業を行ってはならない。

2　本条項は本契約終了後1年間有効とする。

※3　競業の対象を限定した。

3　折衷的な文例

（競業避止義務）

第○条　乙は、本契約存続期間中、甲の事前の書面による承諾のない限り、甲と同種又は類似する事業を行ってはならない。但し、甲は不合理に承諾を拒絶しない。

2　本条項は本契約終了後1年間有効とする。

Ⅴ　フランチャイズ契約の場合

1　典型的な文例

甲：フランチャイザー　乙：フランチャイジー

（競業避止義務）

第○条　乙は、本契約存続期間中、本店舗以外の場所において、本店舗と
　　　同種又は類似の事業を行ってはならない。

　　2　本条項は本契約終了後1年間有効とする。

2　一方当事者に有利な文例

(1)　フランチャイザーに有利

（競業避止義務）

第○条　乙は、本契約存続期間中、本店舗以外の場所において、本店舗と
　　　同種又は類似若しくはこれと関連する事業[1]を行ってはならない。

　　2　本条項は本契約終了後3年間[2]有効とする。

※1　競業の対象を拡張した。
※2　競業避止義務を負担する期間を延長した。

(2)　フランチャイジーに有利

（競業避止義務）

第○条　乙は、本契約存続期間中、本店舗以外の場所において、本店舗と
　　　同種の事業[3]を行ってはならない。

　　2　本条項は本契約終了後1年間有効とする。

※3　競業の対象を限定した。

3　折衷的な文例

（競業避止義務）

第○条　乙は、本契約存続期間中、甲の事前の書面による承諾のない限り、東京都内において、本店舗と同種又は類似の事業を行ってはならない。

　　2　本条項は本契約終了後1年間有効とする。

※4　地域を限定することによって競業の対象を限定した。

《コラム・誓約書の取得時期》

　競業避止義務が退任または退職後に課せられることを承諾する誓約書（以下、単に「誓約書」という）を会社が本人からいつ徴収するかについては、就任時または就職時に徴収することが望ましいと思われる。

　これから会社で働こうと考えているときに、退任または退職後のことを考えて、誓約書の提出を拒絶することは稀であって、就任時または就職時の必要書類の一つに誓約書があるならば、本人が提出してくることが通常かと思われる。他方、退任または退職時は、本人は、今後のことを考え、この誓約書を提出することを渋る場合が多く、また、会社は、提出しないからといって退任または退職を阻止できるものでもなく、結局、本人に誓約書を提出してもらえないまま退任または退職されてしまうということも往々にしてある。この場合には、会社は、競業避止義務を課さないまま同業他社に移ることを容認してしまうことになってしまうため、就任時または就職時に誓約書を徴取しておけば、このような事態にはならないので、誓約書の徴収は、就任時または就職時が望ましいと思われる。

第14章　損害賠償に関する条項

Ⅰ　チェックポイント

1　本条項の要否を検討すべき契約類型

　契約により当事者間に、債権債務が生じるが、債務は履行されなかったり、履行不能となったりする場合もある。その場合でも、債務者に一定の責任を負わせることにより、債権者を保護し、契約に対する信頼を維持するのが損害賠償制度である。

　契約で債務を負った者が、債務の本旨に従った履行をしないときまたは債務の履行が不能であるときは、債権者は、契約責任として、債務者に対し、債務不履行・履行不能によって生じた損害の賠償を請求できる（改正後民415条）。これらの責任は、法律上の責任であるので、特に契約書に明文で定めなくとも、債権者は、債務者に対して追及できる。

　しかし、債務者が契約で負う債務に、そもそも過大なリスクがあった場合や、損害の範囲が際限なく広がることが想定される場合など、対価・報酬に見合った賠償責任を、当事者間の公平の観点から検討して、債務者が損害賠償責任を負う要件を制限したり、損害賠償責任を負ったとしても、その責任の範囲を契約で限定したりする必要がある場合もある。たとえば、サーバーのダウン、ソフトウェアの瑕疵や、電気・ガスなどのライフラインの停止による損害は、著しく広範に及ぶ可能性がある。その全責任を事業者等に負わせるのは、取引通念上も妥当でないことから、業務の対価や利用料の範囲で責任を負うこととする契約条項はよくみられるところである。

　また、債務者の債務の履行を確保し、履行の期限を遵守させるために、履行の遅延に対して、改正後民法404条が定める法定利率よりも高率の遅延損害金

条項を設けることもある。

2　民法の改正による影響

　改正後民法は、債務不履行による損害賠償について、以下に述べるように、従来の疑義を解決するように条文を規定したり、損害賠償の範囲についても新たな規定をおいていたりするため、契約内容も、それらを意識して定めるべきである。

(1)　債務者の帰責事由

　改正前民法415条は、「債務者がその債務の本旨に従って履行をしないときは、債権者は、これによって生じた損害の賠償をすることができる。債務者の責めに帰すべき事由によって履行をすることができなくなったときも、同様とする」と規定され、前段の債務不履行にも、後段の履行不能と同様に、債務者の帰責事由が必要か否かを議論する余地があった（通説・判例は、前段の債務不履行でも、債務者の帰責事由が必要と解していた）。

　しかし、改正後民法では、「債務者がその債務の本旨に従った履行をしないとき又は債務の履行が不能であるときは、債権者は、これによって生じた損害の賠償を請求することができる。ただし、その債務の不履行が契約その他の債務の発生原因及び取引上の社会通念に照らして債務者の責めに帰することのできない事由によるものであるときは、この限りではない」（改正後民415条1項）と規定され、債務不履行および履行不能いずれにも、債務者の帰責事由が必要である旨が明文化された。帰責事由のないことの立証責任は、債務者側にあり、債務者は、損害賠償を免れるためには、帰責事由がないことを立証しなければならない。

　なお、契約実務においては、「賠償」と「補償」の文言を使い分け、「賠償」は、故意・過失（すなわち、債務者の帰責事由）を必要とする場合に用い、「補償」は、故意・過失を必要としない場合に用いることが一般的である。

(2)　填補賠償

　さらに、改正前民法で解釈上認められていた債務の履行に代わる損害賠償（填補賠償）請求をなしうる場合として、改正後民法は、①「債務の履行が不能であるとき」、②「債務者がその債務の履行を拒絶する意思を明確に表示し

たとき」、③「債務が契約によって生じたものである場合において、その契約が解除され、又は債務の不履行による契約の解除権が発生したとき」を明示して列挙した（改正後民415条2項）。

(3)　損害賠償の範囲

債務不履行による損害賠償責任の範囲については、民法は、改正前も改正後も、債務不履行によって「通常生ずべき損害」としている（民416条1項）。

しかし、改正後民法は、特別の事情によって生じた損害についての損害賠償の範囲（改正後民416条2項）において、改正前民法で議論の余地のあった点を一義的に定めた。すなわち、改正前民法416条2項は、特別の事情によって生じた損害については、「当事者がその事情を予見し、又は予見することができたとき」に責任を負うという規定になっていたが、上記の文言の意味は、実際の予見または予見可能性という事実の存否の問題なのか、あるいは、規範（評価）の問題なのかという議論の余地があった。

改正後民法では、特別の事情についての予見に関して、「その事情を予見すべきであったときは」と規定し、この要件が、事実の存否ではなく、規範（評価）の問題であることを明らかにした。すなわち、債務者が現実に予見していたか、債務者に予見可能性があったかどうかにかかわらず、一般人を基準にして、予見すべきであった特別の事情によって生じた損害については、債務者が責任を負うことになった。

(4)　損害賠償請求の時的限界（消滅時効）

民法は、債権の消滅時効について大幅な改正をした（改正後民166条）。消滅時効期間とその起算点について、債権者が権利を行使できることを知った時から5年間（主観的起算点）（同条1項1号）、権利を行使することができる時から10年間（客観的起算点）（同項2号）と定められた。

契約当事者間では、債務不履行があった場合等は、債権者が損害賠償請求権を行使できることを知っていることが通常であろうから、5年間の消滅時効期間が適用される場合が多いと思われる。改正前民法よりも、短期で消滅時効が成立するため、注意を要する。

なお、生命・身体の侵害による損害賠償請求権の消滅時効については、民法は、特則を設け、客観的起算点について、権利を行使することができる時から

20年間（改正後民167条）と定めた（主観的起算点の場合は、5年間）。

　また、民法は、職業別の短期消滅時効（改正前民173条、174条）、商事消滅時効（商522条）を廃止し、統一的に民法166条を適用することとした。

　なお、消滅時効期間は、強行法規であるので、これを当事者の契約により自由に伸縮できない。

Ⅱ　文　例

1　典型的な文例

甲：債権者　乙：債務者

（損害賠償）

第○条　甲及び乙は、本契約の履行において、又は、その履行に際し、その責めに帰すべき事由により、相手方に損害を与えた場合、それによって、相手方が被った損害を賠償しなければならない。[1]

※1　改正後民法415条と同一内容の趣旨である。

2　債務者に有利な文例

(1)　損害の範囲と損害賠償金の上限を限定した文例

甲：債権者　乙：債務者

（損害賠償）

第○条　乙が甲に対して負う損害賠償責任は、その請求原因の如何を問わず、乙が本契約に違反したことにより、甲が現実に被った<u>直接かつ通常の損害に限定され</u>[2]、損害賠償の金額は、当該損害発生月の利用料を<u>超えないものとする。</u>[3]

※2　賠償すべき損害の範囲を限定する。

※3　損害賠償金の上限を定める。

(注)　甲が消費者、乙が事業者の場合、消費者契約法8条1項により、損害賠償責
　　任の全部または一部を免除する条項は無効となるので、注意を要する。

(2)　一方的に債務者に有利な文例

甲：債権者　乙：債務者

（免責）

第○条　乙は、甲が本システムの利用に関して直接または間接に被ったい
　　　　かなる損失又は損害（第三者の権利侵害をも含み、乙が当該損失等の
　　　　発生の可能性を認識していた場合も含む。）に対して、損害賠償等の責
　　　　任を一切負わないものとする。⁴

※4　債務者（乙）が、市場を独占するサービスを提供して、債権者（甲）が、そ
　　のサービスを利用せざるを得ない等、乙が圧倒的に優位にある場合には、この
　　ような免責の文言が規定される。

(注)　甲が消費者、乙が事業者の場合、消費者契約法8条1項により、損害賠償責
　　任の全部または一部を免除する条項は無効となるので、注意を要する。

(3)　債務者が故意または重過失ある場合のみ責任を負う文例

甲：債権者　乙：債務者

（免責）

第○条　乙が、第○条の債務を履行しない場合、又は、履行できない場合
　　　　は、乙に故意又は重過失がある場合のみ、乙は、甲に対して、損害
　　　　を賠償する責任を負う。⁵

※5　債務者（乙）の損害賠償責任を故意または重過失ある場合のみに限定してい
　　る。

3　債権者に有利な文例

⑴　間接損害も債務者が負担する文例
甲：債権者　乙：債務者

（損害賠償の範囲）

第○条　乙が甲に対して負う損害賠償責任は、その請求原因の如何を問わ
　　　　ず、乙が本契約に違反したことにより、甲が被った直接及び間接の
　　　　損害（第三者に支払う損害金や和解金のほか、当該紛争の処理に要した
　　　　合理的な弁護士費用を含み、これに限られない。）を賠償するものとす
　　　　る。

※ 6　間接の損害である紛争解決費用も、乙（債務者）の負担としている。

⑵　債務者に遅延損害金を負担させる文例
甲：債権者　乙：債務者

（損害賠償）

第○条　乙が、本契約に違反し、甲が損害を負った場合、乙は、甲に対し
　　　　て、損害金及びこれに対する本契約違反の日から支払い済みまで、
　　　　年14.6%の遅延損害金を支払うものとする。

※ 7　高率の遅延損害金を課すことによって、契約の履行を確保する。

4　折衷的な文例

甲：債権者　乙：債務者

①　折衷的な文例 1

（損害賠償）

第○条　甲及び乙は、相手方の本契約の不履行によって損害を被った場合、
　　　　相手方に対し、本件業務の対価を限度として、損害の賠償を求める

　　　ことができるものとする。ただし、本契約の不履行につき、損害を
　　　与えた当事者に故意又は重過失があった場合は、当該上限を適用し
　　　ないものとする。

※8　原則的に損害賠償額に限度を設けるが、故意重過失の契約違反の場合は、賠
　　　償額の限度がない。システム開発契約など、損害の範囲や金額が拡大しがちな
　　　業務の契約に用いられることが多い。

甲：債権者　乙：債務者

②　折衷的な文例2

（損害賠償）
第〇条　甲及び乙は、相手方の本契約の不履行によって損害を被った場合、
　　　相手方に対し、本件業務の対価又は他の一方が被った直接の被害を
　　　回復するために支払った金額のいずれか多い方を上限として、損害
　　　の賠償を求めることができるものとする。

※9　損害賠償額に上限を設けるが、双方が、少なくとも直接の被害を回復するだ
　　　けの損害賠償を求めることができる。

《コラム・弁護士費用》

　訴訟実務では、不法行為による損害賠償請求を行うときは、相手方に損害賠償の額の約１割を弁護士費用として請求できる。つまり、損害額の約1.1倍を相手方に請求できるのである。これは、不法行為により損害を被り、相手方に損害賠償請求をするのに、弁護士に依頼せざるを得なかったため、弁護士費用の一部を相手方が負担すべきであるという理由による。

　ところが、債務不履行による損害賠償請求は、不法行為と異なり、原則として弁護士費用を相手方に請求できない。

　個人的には、損害賠償の原因が不法行為であれ、債務不履行であれ、訴訟の難易度に差があるわけではなく、弁護士に依頼する必要があったから弁護士に依頼したのであり、上記のような差を設けるのはおかしいと思うが、訴訟実務では依然としてそうなっている。

第15章　債務保証に関する条項

Ⅰ　チェックポイント

1　本条項の要否を検討すべき契約類型

　保証人は、主たる債務者がその債務を履行しないときに、その履行をする責任を負う（改正後民446条1項）。

　金銭消費貸借契約、賃貸借契約、身元保証契約等の契約において、主たる債務者が債務を履行しないときに備えて、保証人の保証を得ることが広く行われている。これらの保証が得られなければ、金銭消費貸借契約や賃貸借契約等が締結されない場合もある。

　会社が借主となる金銭消費貸借契約や賃貸借契約の場合には、代表者その他の幹部役員やその家族が保証人となる例が多い。個人が借主となる金銭消費貸借契約や賃貸借契約の場合には、家族、親族が保証人となる例が多いが、いずれも第三者である知人等も保証人となる例も少なくない。また、保証する場合、連帯保証となるのが一般的である。これらの保証人は、債権者から債務の履行を求められるが、もともと保証債務を履行する事態になるとは思わずに、求められるままに軽い気持で保証をしてしまったり、主たる債務者に資力がなくなっており、保証債務を履行しても求償できないことも多い。このような立場にある保証人の責任が過大になりすぎないよう、保証人の責任が限定的に解されることもある。

　また、保証をすること自体を業としている法人（信用保証協会、家賃の保証会社）もある。保証人になる者がなく、債権者の側で金銭消費貸借契約や賃貸借契約の締結を拒むような場合に、保証をすることを業とする者があることは、主たる債務者にも利益がある。これらは、保証をすることについての対価を受

205

領しているが、実際に保証債務を履行した後には、主たる債務者に対して債権者よりも主たる債務者にとっては重い条件で、求償を求めることになる場合もある。

　そのため、債権者、主たる債務者、保証人のいずれの立場においても契約条項の検討が欠かせない。

2　民法の改正による影響

(1)　規定の明確化等の改正点

① 　主たる債務の目的または態様が保証契約の後に加重されたときであっても、保証人の負担は加重されない（改正後民448条2項）。保証人の関与がないのに保証人の負担が加重されるのは相当ではないからである。

② 　保証人は、主たる債務者が主張することができる抗弁をもって債権者に対抗することができる（改正後民457条2項）。保証債務は主たる債務の履行を担保するものであるためだからである。

③ 　主たる債務者が債権者に対して相殺権、取消権または解除権を有するときは、これらの権利の行使によって主たる債務者がその債務を免れるべき限度において、保証人は、債権者に対して債務の履行を拒むことができる（改正後民457条3項）。

④ 　委託を受けた保証人が債務の消滅行為をした場合に保証人が主たる債務者に対して有する求償権の額は、保証人が支出した財産の額になる。保証人の支出した財産の額が消滅した主たる債務の額を超えるときは、消滅した主たる債務の額になる（改正後民459条1項）

⑤ 　委託を受けた保証人が弁済期前に弁済等の債務消滅行為をした場合の求償権について、弁済期前に保証人が弁済等をすることによって、弁済期までに債務者が債権者に対して主張できた反対債権との相殺等の機会を失わせることから、保証人が主たる債務者に対して有する求償権は、主たる債務者がその当時利益を受けた限度において有するとされた（改正後民459条の2第1項前段）。

　　これは、主たる債務者が債務消滅行為の時点で債権者に対抗可能な事由を有しているときは、その事由によって対抗を受ける分の金額が求償権の

範囲から除外される、ということである。この場合において、主たる債務者が債務の消滅行為の日以前に相殺の原因を有していたことを主張するときは、保証人は債権者に対し、その相殺によって消滅すべきであった債務の履行を請求することができる（改正後民459条の2第1項後段）。主たる債務者に対して求償することができない保証人に、債権者から回収をする手段を確保させるためである。

　また、求償可能な法定利息は主たる債務の弁済期以後のものに限定され、費用その他の損害賠償も、弁済期以後に債務の消滅行為をしたとしても避けることができなかった費用に限定される（改正後民459条の2第2項）。

　委託を受けた保証人が弁済期前に弁済等の債務消滅行為をした場合の求償権は、主たる債務の弁済期以後でなければ行使できない（改正後民459条の2第3項）。主たる債務についての期限の利益を失うに等しいからである。

⑥　委託を受けた保証人についての規定（改正前民459条）におかれていた、過失なく債権者に弁済をすべき旨の裁判の言渡しを受けた保証人は、主たる債務者に対して求償権を有するとの部分は、事前求償を定めたものであるとして、改正後民法460条3号に移された。改正前民法460条3号は、事前求償になじむものでないとして削除されている。

⑦　委託を受けない保証人については、保証が主たる債務者の意思に反しない場合には、委託を受けた保証人が弁済期前に弁済等をした場合の規定が準用された（改正後民462条1項・3項）。保証が主たる債務者の意思に反する場合には、求償の時点で主たる債務者が利益を受けている限度でのみ求償できる（改正後民462条2項）。利息や損害金は請求できないし、主たる債務者が求償を受けた時点で債権者に対抗可能な事由を有しているときは、その事由によって対抗を受ける分の金額が求償権の範囲から除外される。

⑧　保証人や主たる債務者が債務の消滅行為をするにあたって行う通知の規定が整備された。

　委託を受けた保証人は、債務の消滅行為を行う場合には主たる債務者に対して事前の通知をしなければならない。通知しておかないと主たる債務者は債権者に対抗することができた事由をもって保証人に対抗することが

できる（改正後民463条1項）。委託を受けた保証人が債務の消滅行為をした後に主たる債務者に通知することを怠ったため、主たる債務者が善意で債務消滅行為をしたときは、主たる債務者はその債務の消滅行為を有効であったとみなすことができる（同条3項）。そうすると、保証人は債権者に対して請求してすでに行った弁済の中から取り戻す必要がある。

　委託を受けない保証人は、求償権が制限されるため、事前通知の制度が廃止されている。主たる債務者の意思に反する保証人の事後通知の制度も廃止されている。この結果、委託を受けない保証人は、委託を受けた保証人が債務消滅行為の後に通知をしなかった場合と同じ取扱いを受ける（改正後民463条3項）。

　主たる債務者が弁済後に委託を受けた保証人に通知をすることを怠ったため、その保証人が善意で債務の消滅行為をしたときは、その保証人は、その債務の消滅行為を有効であったものとみなすことができる（改正後民463条2項）。その結果、保証人は、主たる債務者に対して求償することができる。

(2)　履行の請求

　一般的な保証は連帯保証の形式をとっている。改正前民法下では連帯保証人に対して履行の請求をすれば、主たる債務者に対しても効力を生ずるとされていたが（改正前民458条、434条）、改正後の連帯債務の規定では、履行の請求は絶対効を生じないとされたことから（改正後民458条、441条）、連帯保証人に対して履行の請求をした場合であっても、主たる債務者に対する効力は生じない。なお、主たる債務者に対する履行の請求は、保証人に対しても効力を生ずる（改正後民457条）。

　そのため、主たる債務者に対して履行の請求の効果を生じさせるためには、主たる債務者に履行の請求をする必要がある。

　ただし、改正後民法441条ただし書も同法458条で準用されていることから、債権者は主たる債務者との間で、連帯保証人に生じた事由が主債務者に対して効力を有する範囲について合意することはできるため、連帯保証人に対する履行の請求が主たる債務者に対しても効力を生じるとの合意をすることは可能である。

208

⑶　情報の提供

　次の(A)、(B)の場合に、債権者は保証人に対して情報を提供することが求められることとなった。債権者との取引関係は主たる債務者との間に結ばれており、保証人は主たる債務の履行状況を知らないことが多い。しかし、いざ主たる債務の履行を求められる状況になった場合には、多額の債務の履行を迫られることになることから、保証人に対して情報を提供する必要性がある。反面、債権者は主たる債務者の履行状況を保証人に対して開示することが許されるか迷うこともあるため、情報を提供する必要があることを明確にした。

(A)　主たる債務の履行状況に関する情報提供義務

　保証人が、主たる債務者の委託を受けて保証をした場合において、保証人の請求があったときには、債権者は、保証人に対し、遅滞なく、主たる債務の元本および利息、違約金、損害賠償その他その債務に従たるすべてのものについての不履行の有無並びにこれらの残額およびそのうち弁済期が到来しているものの額に関する情報を提供しなければならない（改正後民458条の2）。

(B)　主たる債務者が期限の利益を喪失した場合の情報提供義務

　主たる債務者が期限の利益を有する場合において、その利益を喪失したときは、債権者は、保証人に対し、その利益の喪失を知った時から2カ月以内に、その旨を通知しなければならない（改正後民458条の3第1項）。

　主たる債務者が、その期間内に通知をしなかったときは、債権者は、保証人に対し、主たる債務者が期限の利益を喪失した時から同項の通知を現にするまでに生じた遅延損害金（期限の利益を喪失しなかったとしても生ずべきものを除く）にかかる保証債務の履行を請求することができない（改正後民458条の3第2項）。

(C)　事業にかかる債務についての情報提供義務

　主たる債務者に課せられる義務である。事業のために負担する債務を主たる債務とする保証または主たる債務の範囲に事業のために負担する債務が含まれる根保証の委託をするときは、委託を受ける者（保証人になる者）に対し、①財産および収支の状況、②主たる債務以外に負担している債務の有無並びにその額および履行状況、③主たる債務の担保として他に提供し、または提供しようとするものがあるときは、その旨およびその内容に関する情報を提供しなけ

ればならない（改正後民465条の10第１項１号～３号）。

　これに違反して、①情報を提供しなかった場合、②事実と異なる情報を提供したために委託を受けた者がその事項について誤認をし、それによって保証契約の申込みまたはその承諾の意思表示をした場合において、主たる債務者がその事項に関して情報を提供せず、または事実と異なる情報を提供したことを債権者が知りまたは知ることができたときは、保証人は、保証契約を取り消すことができる（改正後民465条の10第２項）。

　　(D)　法人に対する不適用

　(B)および(C)は、保証人が法人である場合には適用されない（改正後民458条の３第３項、465条の10第３項）。

(4)　事業にかかる債務についての特則

　　(A)　公正証書の作成

　事業のために負担した貸金等債務を主たる債務とする保証契約または主たる債務の範囲に事業のために負担する貸金等債務が含まれる根保証契約は、その契約の締結に先立ち、その締結の日前１カ月以内に作成された公正証書で保証人になろうとする者（法人の場合を除く）が保証債務を履行する意思を表示していなければ、その効力を生じない（改正後民465条の６第１項・３項）。

　保証人となろうとする者は、保証契約の場合には次の(B)の事項を、根保証契約の場合には次の(C)の事項を公証人に口授し、公証人が口述を筆記し、これを保証人になろうとする者に読み聞かせ、または閲覧させる。保証人となろうとする者が、筆記の正確なことを承認した後、署名し、印を押す。公証人が、その証書が定められた方式に従ってつくったものである旨を付記して、署名し、印を押す（改正後民465条の６第２項１号～４号）。

　この規定は、保証人となろうとする者が、①主たる債務者である法人の理事、取締役、執行役またはこれらに準じる者や、②主たる債務者が法人である場合に総株主の議決権の過半数を有する者、③法人でない主たる債務者と共同して事業を行う者等には適用されないことになっている（改正後民465条の９）。

　　(B)　保証契約の場合の口授事項

　保証契約の場合には、①主たる債務の債権者および債務者、②主たる債務の元本、③主たる債務に関する利息、違約金、損害賠償その他その債務に従たる

すべてのものの定めの有無およびその内容、④主たる債務者がその債務を履行しないときには、その債務の全額について履行する意思（保証人となろうとする者が主たる債務者と連帯して債務を負担しようとするものである場合には、債権者が主たる債務者に対して催告したかどうか、主たる債務者がその債務を履行することができるかどうか、または他に保証人があるかどうかにかかわらず、その全額について履行する意思）を有していることである（改正後民465条の6第2項1号イ）。

(C)　根保証契約の場合

　根保証契約の場合には、①主たる債務の債権者および債務者、②主たる債務の範囲、③元本確定期日の定めの有無およびその内容、④主たる債務者がその債務を履行しないときには、極度額の限度において元本確定期日または改正後民法465条の4第1項各号もしくは同条2項各号に掲げる事由（債権者が、保証人の財産について、金銭の支払いを目的とする債権についての強制執行または担保権の実行を申し立てたとき等）その他の元本を確定すべき事由が生ずる時までに生ずべき主たる債務の元本および主たる債務に関する利息、違約金、損害賠償その他その債務に従たるすべてのものについて履行する意思（保証人となろうとする者が主たる債務者と連帯して債務を負担しようとするものである場合には、債権者が主たる債務者に対して催告したかどうか、主たる債務者がその債務を履行することができるかどうか、または他に保証人があるかどうかにかかわらず、その全額について履行する意思）を有していることである（改正後民465条の6第2項1号イ）。

(5)　根保証

(A)　根保証契約の規制の拡大

　改正前民法下では、保証人が個人であって、金銭の貸渡しまたは手形割引を受けることによって負担する債務を主たる債務の範囲に含む貸金等根保証契約（以下、「個人貸金等根保証契約」という）では、極度額を定めなければならないとされていた。保証対象となる債務が保証契約の締結後に追加され、保証人の責任が過大なものとなる可能性があるからである。しかし、保証人の責任が過大なものとなる可能性は、貸金等の契約ばかりでなく、他の契約においてもあり得る。そのため、貸金等の契約だけなく、それ以外の個人が根保証人となる

根保証契約（以下、「個人根保証契約」という）一般においても極度額を定めることが求められることになった（改正後民465条の2第1項・2項）。

　　(B)　元本確定期日

　また、改正前民法と同様、個人貸金等根保証契約において、主たる債務の元本の確定すべき期日（以下、「元本確定期日」という）の定めがある場合において、その元本確定期日が個人貸金等根保証契約の締結の日から5年を経過する日より後の日と定められているときは、その元本確定期日の定めは、その効力を生じない（改正後民465条の3第1項）。元本確定期日の定めがない場合には、その元本確定期日は、その貸金等根保証契約の締結の日から3年を経過する日である（同条2項）。これらは改正後も個人貸金等根保証契約以外の個人根保証契約には適用はない。

　　(C)　元本確定事由

　元本の確定事由は、改正前民法の貸金等根保証契約では次のとおりであった（改正前民465条の4）。

　　①　債務者が、主たる債務者または保証人の財産について、金銭の支払いを目的とする債権についての強制執行または担保権の実行を申し立てたとき。ただし、強制執行または担保権の実行の手続の開始があったときに限る。

　　②　主たる債務者または保証人が破産手続開始の決定を受けたとき。

　　③　主たる債務者または保証人が死亡したとき。

　このうち、①の「主たる債務者の財産について」強制執行等の申立てがあったことと、②の「主たる債務者が」破産手続開始の決定を受けたことという二つの事由を除き、個人根保証契約一般の元本確定事由とされた（改正後民465条の4第1項）。

　この二つの事由が除外されたのは、個人根保証契約の典型例といえる不動産の賃借人の債務を主債務に含む個人根保証契約について、これらの二つの事由により元本が確定してしまうと、賃貸借契約は終了しないのに、これらの二つの事由の発生後は保証がないまま賃貸することを強いられるからである。これらの二つの事由（①の主たる債務者の財産については、強制執行または担保権の実行の手続の開始があったときに限られる）は、個人貸金等根保証契約においては元本確定事由である（改正後民465条の4第2項）。

　元本確定事由は、事由が多いほど保証人にとっては確定後の債務の保証を免れることができる点で有利である。したがって、民法に定められた元本確定事由は、あらかじめ債権者と保証人の間でこれに反する合意をしても無効であると解される。

　反対に、同条に掲げられていない事由について債権者と保証人との間で元本確定事由として定めることは許される。

(D)　極度額

　個人根保証契約は、極度額を定めなければ効力を生じない（改正後民465条の2）。保証人が法人である場合には、極度額を定めなくとも効力を生じる。

　保証人が法人である根保証契約において極度額の定めがないときは、その法人が主たる債務者に対して取得する求償権を個人が保証する保証契約の効力は生じない（改正後民465条の5）。その法人が保証債務を履行して主たる債務者に対して取得する求償権について、個人を保証人とすることは実務上行われているが、その場合には結局その個人の保証人が自ら根保証契約の保証人になるのと同様の状況におかれることになるからである。

Ⅱ　金銭消費貸借契約／第三者が経営する会社の債務を保証する場合

　会社の取締役等以外の者が、事業のために負担した貸金等を主たる債務とする保証契約または主たる債務の範囲に事業のために負担する貸金等債務が含まれる根保証契約を締結する場合には、保証意思宣明公正証書を作成して保証意思があることを示さなければならない。

　また、主たる債務者が保証人に対して正確な情報を提供していないと、契約が取り消される可能性がある。

　それらの条件を具備したことを確認的に契約書に盛り込んでおくことが必要である。

1　典型的な文例

甲：債権者　乙：債務者　丙：連帯保証人

（連帯保証）

第○条　丙は、甲に対する乙の次の債務を連帯保証する。

①　令和2年3月1日付け消費貸借契約第1条記載の1000万円の貸付金
　　債務

②　令和2年4月1日付け消費貸借契約第1条記載の500万円の貸付金
　　債務

（保証意思宣明公正証書の作成）

第○条　丙は、第○条の連帯保証にあたり、○○年○月○日、○○法務局
　　　第○○号保証意思宣明公正証書を作成した。

（注）　保証意思宣明公正証書を作成することが求められる保証契約の場合には、公
　　　正証書を作成したことを確認的に契約書に盛り込むべきである。

（確認）

第○条

1　乙は、本契約締結までに、①乙の財産及び収支の状況が別紙1のとお
　りであること、②第○条の債務以外に負担している債務並びにその額及
　び履行状況が別紙2のとおりであること、③第○条の債務の担保として
　他に提供し、または提供しようとするものが別紙3のとおりであること
　を丙に対して提供した。乙は、この情報が正確であることを甲及び丙に
　対して保証する。

2　甲は合理的な調査を尽くして当該情報の内容を確認し、それが事実と
　異なるとの認識を有していないことを確認する。

3　丙は甲に対し、乙の提供した情報を確認し本契約を締結することを確
　約する。

(注)　債務者が情報提供義務を果たしていることを確認的に契約書に盛り込む。債務者の提供する情報が事実と異なっており、事実と異なることを債権者が知ることができた場合には、保証人は保証契約を取り消すことができるから、債権者も債務者から情報提供を受けて、その情報の内容が事実であることを確認しておくことが望まれる。万一債務者の提供した情報が事実に反することに備えて、提供された情報について合理的な調査をして確認したことも示しておくべきである。

保証意思宣明公正証書の例

保証意思宣明公正証書

　本公証人は、令和2年3月2日、保証意思宣明者（保証予定者）甲野太郎の嘱託に基づき、その口述を筆記して、この証書を作成する。

第1条（保証意思の宣明）

　　保証意思宣明者は、借主（主たる債務者）乙野二郎がその事業のために貸主（債権者）丙野三郎に対し負担する債務（以下「主たる債務」という。）の保証について、以下のとおり民法第465条の6で定める保証債務を負担する意思を表明する。

第2条（保証債務履行意思の宣明）

　　保証意思宣明者は、主たる債務の貸主及び借主、主たる債務の元本、主たる債務に対する利息、違約金、損害賠償その他その債務に従たる全ての債務の定めが以下のとおりであること、主たる債務者がその債務を履行しないときは、保証意思宣明者においてその債務の全額についてこれを履行する意思があることを表明する。

記

貸主（債権者）　東京都千代田区霞が関3―4―5
　　　　　　　　丙野三郎
借主（債務者）　東京都墨田区錦糸1―2―3

215

乙野二郎

元　本	2000万円
利　息	年2％
損害金	年6％

その他主たる債務に従たる全てのもの　　　なし

本旨外要件

住所　　　東京都目黒区目黒本町5―6―7

職業　　　会社員

保証意思宣明者　　　甲野太郎

昭和50年1月2日生

　上記の者は、印鑑登録証明書の提出により、人違いでないことを証明させた。

　以上の各事項を嘱託人（保証意思宣明者）甲野太郎に閲覧させ、読み聞かせたところ、嘱託人は筆記の正確なことを承認し、次に署名押印した。

甲野太郎　　　　　　㊞

　この証書は、令和2年3月2日に、本公証人役場において、民法第465条の6第2項第1号から第3号の規定に従って作成し、同条第2項第4号に従って本公証人は次に署名押印する。

　東京都・・
　東京法務局所属

公証人　　　丁野四郎　　㊞

2　一方当事者に有利な文例

(1)　債権者に有利

甲：債権者　乙：債務者　丙：連帯保証人

（期限の利益の喪失）

第○条　乙又は丙に次の事由が発生した場合には、乙及び丙は、甲からの
　　　　通知催告がなくとも期限の利益を喪失し、直ちに甲に対して債務全
　　　　額を弁済する。

1　本契約の条項に一つでも違反したとき

2　監督官庁から営業停止、営業許可の取消し等の処分を受けたとき

3　差押え、仮差押え、仮処分若しくは競売の申立て、租税滞納処分その
　　他これらに準じる手続を受けたとき

4　支払停止若しくは支払不能となったとき

5　自ら振り出した又は引き受けた手形又は小切手が不渡りとなったとき

6　破産手続開始、民事再生手続開始、会社更生手続開始、特別清算手続
　　開始の申立てをし、又はこれを受けたとき

7　解散、合併による消滅、資本の減少、営業の廃止又は譲渡の決議をし
　　たとき

8　信用状態に重大な変化が生じ、本契約に基づく債務の履行が困難にな
　　るおそれがあると認められるとき

9　その他前各号に準じる事由のあるとき

（注）　期限の利益喪失事由が連帯保証人に生じた場合には主債務の期限の利益も喪
　　　失することにする。

（担保の追加）

第○条　甲は、丙が死亡した場合その他甲が債権を保全するために必要が
　　　　あると認めた場合は、乙に対し、連帯保証人の追加を求めることが
　　　　できる。

（注）　一定の事由が生じた場合に、担保を追加することを約束させるもの。

（権利の不行使）

第○条　丙は、丙が本契約による債務の一部を弁済して甲に代位する場合
　　　　には、甲の承認を受けた場合を除き、その代位により取得すべき一
　　　　切の権利を行使しない。

（注）　民法改正前は、保証人が保証債務の一部を弁済することにより債権者に代位
　　　　し、債権者と同一の立場から権利行使をすることができた（改正前民502条1
　　　　項）。改正後は本条文と同様の規定が設けられているので（改正後民502条1項）、
　　　　そのことを注意的に明らかにする。

（担保の変更等）

第○条　甲に差し入れた担保または保証人について、甲の都合により、変
　　　　更、解除、放棄、返還等をしても、保証人の責任には変動を生じな
　　　　いものとする。

（注）　債権者による担保の放棄等は、代位権者を免責することがある（改正後民504
　　　　条1項）。民法改正により、担保の喪失、減少について「取引上の社会通念に照
　　　　らして合理的な理由があると認められるとき」は、免責されないことになった
　　　　が、契約に事情を問わずに債権者の都合により担保の変更等を行える規定を設
　　　　けておくことで、免責を回避できる。

（請求の効力）

第○条　甲が丙に対してなした履行の請求は、乙に対しても効力を有する。

（注）　連帯保証人に生じた事由を主たる債務者にも及ぼすためには、合意をするこ
　　　　とを要する。本条項を定めておけば、連帯保証人に対して請求すれば主たる債
　　　　務者に対しても効力を生じさせることができる。

(2)　債務者に有利

甲：債権者　乙：債務者　丙：連帯保証人

（保証）

第○条　丙は、甲に対する乙の次の債務を<u>乙と連帯することなく保証する</u>。[1]

※1　連帯保証ではない保証にすることにより、催告の抗弁（民452条）、検索の抗弁（同453条）を行使する余地を残す。

3　折衷的な文例

甲：債権者　乙：債務者　丙：連帯保証人

（保証する場合）

第○条　丙に以下の各号の一に該当する事由が生じた場合、丙は、乙の甲に対する一切の債務を保証し、乙と連帯して履行する。なお、被保証債務は、極度額を1000万円として、当該事実が発生した後新たに乙が甲に対して貸付契約に基づいて負担した債務のみならず、当該事実が発生した時点において既発生の乙の甲に対する債務を含む。

①　丙の表明保証が真実ではなかったとき

②　丙が第○条第○項に規定される約束に違反したとき

③　丙が第○条の誓約に違反したとき

④　前各号のほか、丙が、甲に対し、乙並びにその子会社及び関連会社の財産、経営又は業況に関する重要な点について虚偽の事実を開示したとき

（注）　停止条件付き連帯保証

　　　単なる経営不振の場合には保証責任を負わず、債権者に対して背信的な行動があった場合に保証責任を負わせる。

（保証の解除）

第○条　丙に以下の各号の一に該当する事由が生じた場合、甲は、丙の保

　　　証を解除する。
　　①乙と丙との間の業務委託契約が終了したとき

（注）　解除条件付連帯保証
　　　保証人と主たる債務者との間の契約が終了した場合には、保証人は保証責任
　を免れる。

Ⅲ　金銭消費貸借契約／知人（個人）の債務を連帯保証する場合の文例

　事業のために負担した貸金等債務でなければ、保証意思宣明公正証書を作成する必要はない。

1　債権者に有利な文例

甲：債権者　乙：債務者　丙：連帯保証人

（確認）
第○条　甲及び丙は、本借入の資金使途は教育費であり、乙の営む事業のための借入れでないことを確認する。

（注）　事業のための借入れでないから、改正後民法465条の10の適用がなく、契約時
　の情報提供義務のないことの確認をし、同条2項の取消対象にならないことを
　確定させる。

2　保証人に有利な文例

　根保証の場合

乙：債務者　丙：根保証人

（元本確定事由）
第○条　次に掲げる場合には、主たる債務の元本は確定する。
　　①　乙と丙との間の業務委託契約が終了したとき

（注）　元本確定事由が多いほど保証人にとっては以後発生する債務を保証する必要がなくなるので保証人に有利となる。たとえば、業務委託契約を保証人が主たる債務者から受託している間に発生した金額に保証債務を限定する。

Ⅳ　賃貸借契約の場合

1　典型的な文例

甲：債権者（賃貸人）　乙：債務者（賃借人）　丙：保証人

（連帯保証人）

第〇条　丙は、本契約から生ずる乙の甲に対する債務について、極度額を100万円として、乙と連帯して保証する。

（注）　賃貸借契約の債務者の債務を保証する場合、個人根保証契約になるため、極度額を定めておく必要がある。

2　保証人に有利な文例

乙：債務者（貸借人）

（元本確定事由）

第〇条　次に掲げる場合には、主たる債務の元本は確定する。

①　乙が破産手続開始の決定を受けたとき

（注）　個人根保証契約においては、民法上は主たる債務者が「破産手続開始決定を受けたとき」は、元本確定事由になっていない。賃貸借契約は、債務者の破産手続開始決定を理由に解除できないため、賃貸借契約を終了させることができず、主たる債務の額が増大するためである。このことからわかるように、債務者が破産手続開始決定を受けたことを元本確定事由にすることで、保証人の債務を限定することが可能である。

根保証の比較（保証人が個人の場合）

	個人根保証契約	個人貸金等 根保証契約	事業のために負担する貸金等債務の含まれる根保証契約
主債務の範囲	一定の範囲に属する不特定の債務を主たる債務とする保証契約（根保証契約）であって保証人が法人でないもの	個人根保証契約であってその主たる債務の範囲に金銭の貸渡し又は手形の割引を受けることによって負担する債務（貸金等債務）が含まれるもの	主たる債務の範囲に事業のために負担する貸金等債務が含まれる根保証契約
意思宣明公正証書	不要	不要	必要
極度額の定め	必要	必要	必要
債務者の保証人に対する情報提供	要求されていない	不要	必要
元本確定期日	要求されていない	5年以内で定める。定めがない場合には3年	
元本確定事由	1　債権者による保証人への強制執行等 2　保証人の破産 3　主たる債務者又は保証人の死亡	←に加えて 4　債権者による主債務者への強制執行等 5　主たる債務者の破産	

通知についての比較（条数は改正後民法）

弁済者	事前の通知なし	事後の通知なし
委託を受けた保証人	主たる債務者は、債権者に対抗することができた事由をもって保証人に対抗できる（463条1項）	主たる債務者がその後に善意で債務の消滅行為をしたときは、その消滅行為を有効であったものとみなすことができる（463条3項）
委託を受けない保証人	規定なし	主たる債務者がその後に善意で債務の消滅行為をしたときは、その消滅行為を有効であったものとみなすことができる（463条3項）
主たる債務者	規定なし	委託を受けた保証人がその後に善意で債務の消滅行為をしたときは、その消滅行為を有効であったものとみなすことができる（463条2項）

求償権の比較

保証委託の有無	保証が意思に反するか	事前求償権	事後求償権	
			主たる債務の弁済期後に保証履行	主たる債務の弁済期前に保証履行
有		有 主たる債務者が破産手続開始の決定を受け、かつ、債権者がその破産財団の配当に加入しないとき（460条1号） 債務が弁済期にあるとき（460	支出した財産の額（その財産の額がその債務の消滅行為によって消滅した主たる債務の額を超える場合にあっては、その消滅した額）（459条）	主たる債務者が債務の消滅行為の当時利益を受けた限度（459条の2第1項前段） 主たる債務者が債務の消滅行為の以前の日に相殺の原因を有していたことを主張するときは、保証人は債権者に対し、その相殺によって消滅すべきであった

		条2号） 保証人が過失なく債権者に弁済をすべき旨の裁判の言渡しを受けたとき（460条3号）	債務の履行を請求できる（459条の2第1項後段） 主たる債務の弁済期以後の法定利息およびその弁済期以後に債務の消滅行為をしたとしても避けることができなかった費用その他の損害の賠償が包含される（459条の2第2項） 求償権行使は主たる債務の弁済期以後（459条の2第3項）
<u>無</u>	反しない	<u>無</u>	主たる債務者が債務の消滅行為の当時利益を受けた限度（462条1項、459条の2第1項前段） 主たる債務者が債務の消滅行為の以前の日に相殺の原因を有していたことを主張するときは、保証人は債権者に対し、その相殺によって消滅すべきであった債務の履行を請求できる（462条1項、459条の2第1項後段） 求償権行使は主たる債務の弁済期以後（462条3項）
	反する		主たる債務者に求償をした時点で主たる債務者が利益を受けている限度（462条2項） 主たる債務者が求償の日以前に相殺の原因を有していたことを主張するときは、保証人は債権者に対し、その相殺によって消滅すべきであった債務の履行を請求できる（462条2項） 求償権行使は主たる債務の弁済期以後（462条3項） 保証人が債務の消滅行為をした後に主たる債務者が債務の消滅行為をしたときは、

主たる債務者がした債務の消滅行為を有効であったものとみなすことができる　（463条3項）

《コラム・極度額》

　取引基本契約では継続的な取引関係から発生する債務について会社の代表者を連帯保証人にする場合も多かった。また、賃貸借契約の場合には、借主に連帯保証人をつける場合も多かった。いずれも、一切の債務を連帯保証する、という文言で、契約者本人が負担するべき債務全額についての連帯保証をさせるのが一般的であった。

　ただし、これまでも賃貸借契約において、借主が滞納しているのに退去を求めることもせずに、何年も経過させてから保証人に対して多額に膨らんだ未払賃料を請求する場合があった。賃貸借契約が更新された場合に保証は更新後にも及ぶという判例（最判平9・11・13判タ969号126頁）もあり、保証期間を特に合意していない場合には、更新後にも保証は及ぶ。更新も法定更新の場合もあるから、保証はある程度の金額に膨んでしまった。しかし、このような場合でも、保証の対象を一定程度に限定するのが一般的であり、無限定に保証債務を負担させることはできなかった。

　改正後民法では、個人が連帯保証する場合、極度額を定めておかなければ効力を生じない。したがって、従来どおりに「一切の債務を連帯保証する」という文言のままで契約書を締結した場合には、保証人に対して請求することができなくなった。契約書において極度額を定めておかなければ、そもそも保証人に請求できない。かといって、およそ当該契約関係からは負担する可能性のない極度額を定めれば、保証契約の有効性が疑われることにもなりかねない。

　今後は、継続的取引契約の場合には取引量に応じた極度額を定めたり、賃貸借契約の場合には滞納賃料額や明渡費用に応じた極度額を定めることが求められる。

第16章　暴力団排除条項

Ⅰ　チェックポイント

1　本条項の必要性と重要性

　「暴力団排除条項」とは、暴力団等の反社会的勢力を取引から排除するための条項である。2007年6月には、政府により「企業が反社会的勢力による被害を防止するための指針について」が公表され、かかる政府指針を受けて、暴力団排除対策にかかる条例が、2010年4月の福岡県での施行を皮切りに全国で制定され、2011年10月には全都道府県で施行されている。

　反社会的勢力との関係を遮断させておくことは、社会の要請であり、すべての契約に暴力団排除条項を入れておく必要がある。そして、本条項の内容をいかに定めるかなどが重要となってくる。

2　本条項の要否を検討すべき契約類型

　上記のとおり、すべての契約に必要となるが、特に不動産の売買契約や賃貸借契約では、当該物件が反社会的勢力の活動の拠点として利用されることがないように特段の配慮が必要となる。

3　暴力団排除条項として定める事項

(1)　反社会的勢力の定義

　まず反社会的勢力を定義することが必要となるが、警察庁の「組織犯罪対策要綱」には、「暴力団、暴力団員、暴力団準構成員、暴力団関係企業、総会屋等、社会運動等標ぼうゴロ、特殊知能暴力集団等」と記載されているので、これが参考となる。

⑵ 表　明

　契約当事者が反社会的勢力に該当しないことを表明することが必要であるが、さらに、まったく関係を有していないことも表明しておくことが一般的である。

⑶ 禁止行為の列挙

　契約当事者が反社会的勢力に該当しないことを表明するだけでなく、禁止される不当要求行為を列挙しておくことも多い。

⑷ 該当する場合の効果（無催告解除）

　該当する場合には、即時に契約を解除して当該相手方を取引から排除しておく必要があるから、無催告解除条項を定めておくのが一般的である。

　そして、解除した側からの損害賠償請求を認めるとともに、解除された側からの損害賠償は理由のいかんを問わず認めないとすべきである。

Ⅱ　簡易な文例

（反社会的勢力の排除）

第○条　甲及び乙は、自ら又はその取締役、支配株主その他経営に実質的
　　　に関与する者が、警察庁又は関係法令の定める暴力団、暴力団員、
　　　暴力団準構成員、暴力団関係企業、総会屋等、社会運動等標ぼうゴ
　　　ロ、特殊知能暴力集団その他の反社会的勢力に該当しないこと、将
　　　来にわたっても該当しないこと、また、かかる反社会的勢力との関
　　　係を持たないことを各々表明し、確約する。

　2　甲及び乙は、相手方が前項の定めに反することが判明した場合、
　　　催告することなく、また、自己の債務の提供を要しないで、本契約
　　　を解除することができる。

　3　前項に基づく本契約の解除の場合、解除された当事者は、解除に
　　　より生じる損害について、相手方に対し、一切の請求を行わない。
　　　解除した当事者は、相手方に対し、解除によって生じた損害の賠償
　　　を請求することができる。

227

※1　両当事者ともに適用される。

※2　表明内容を「関係を有していないこと」にまで拡大した。

※3　表明だけであり、特に禁止行為の列挙は省略している。

※4　両当事者ともに解除権がある。

※5　解除された側からの損害賠償は一切認めない。

Ⅲ　一方当事者にだけ不利な文例 （好ましくないとされている文例）

（反社会的勢力の排除）

第○条　乙は、自ら又はその取締役、支配株主その他経営に実質的に関与する者が、警察庁又は関係法令の定める暴力団、暴力団員、暴力団準構成員、暴力団関係企業、総会屋等、社会運動等標ぼうゴロ、特殊知能暴力集団その他の反社会的勢力に該当しないこと、将来にわたっても該当しないこと、また、かかる反社会的勢力との関係を持たないことを表明し、確約する。

　2　甲は、乙が前項の定めに反することが判明した場合、催告することなく、また、自己の債務の提供を要しないで、本契約を解除することができる。

　3　前項に基づく本契約の解除の場合、甲は、乙に対し、解除によって生じた損害の賠償を請求することができるが、乙は、解除により生じる損害について、甲に対し、一切の請求を行わない。

※1　乙だけが表明する。

※2　甲だけに解除権がある。

※3　甲だけに損害賠償請求権がある。

Ⅳ　一般的な契約類型で詳細な文例

（反社会的勢力の排除）

第○条　甲及び乙は、それぞれ相手方に対し、次の各号の事項を確約する。

(1)　自らが、暴力団、暴力団員、暴力団員でなくなった時から５年を経過しない者、暴力団準構成員、暴力団関係企業、総会屋等、社会運動等標ぼうゴロ、特殊知能暴力集団その他これらに準ずる者（以下総称して「反社会的勢力」という。）ではないこと

(2)　反社会勢力と次の関係を有していないこと

　　ア　自ら若しくは第三者の不正の利益を図る目的、又は第三者に損害を与える目的をもって反社会的勢力を利用していると認められる関係

　　イ　反社会的勢力に対して資金等を提供し、又は便宜を供与するなど反社会的勢力の維持、運営に協力し、又は関与している関係

(3)　自らの役員（取締役、執行役、執行役員、監査役、相談役、会長その他、名称の如何を問わず、経営に実質的に関与しているものをいう。）が反社会的勢力ではないこと、及び、反社会的勢力と社会的に非難されるべき関係を有していないこと

(4)　反社会的勢力に自己の名義を利用させ、本契約を締結するものでないこと

(5)　自ら又は第三者を利用して本契約に関して次の行為をしないこと

　　ア　暴力的な要求行為

　　イ　法的な責任を超えた不当な要求行為

　　ウ　取引に関して、脅迫的な言動をし、又は暴力を用いる行為

　　エ　風説を流布し、偽計又は威力を用いて相手方の業務を妨害し、又は信用を毀損する行為

229

> 　　　オ　その他前各号に準ずる行為
> 　2　甲又は乙の一方について、次のいずれかに該当した場合には、その相手方は、何らの催告を要せずして、本契約を解除することができる。
> 　　　ア　前項(1)ないし(3)の確約に反する表明をしたことが判明した場合
> 　　　イ　前項(4)の確約に反し契約をしたことが判明した場合
> 　　　ウ　前項(5)の確約に反した行為をした場合
> 　3　前項の規定により本契約が解除された場合には、解除された者は、その相手方に対し、相手方の被った損害を賠償するものとする。
> 　4　第2項の規定により本契約が解除された場合には、解除された者は、解除により生じる損害について、その相手方に対し一切の請求を行わない。

※1　対象を「5年以内に辞めた者」にまで拡大した。
※2　関係の内容を具体的にした
※3　名義貸し禁止を明記した。
※4　禁止される不当要求行為を列挙した。

Ⅴ　不動産売買契約で違約金、制裁金の支払いを含んだ文例

> （反社会的勢力の排除）
> 第○条　売主及び買主は、それぞれ相手方に対し、次の各号の事項を確約する。
> 　　(1)　自らが、暴力団、暴力団員、暴力団員でなくなった時から5年を経過しない者、暴力団準構成員、暴力団関係企業、総会屋等、社会運動等標ぼうゴロ、特殊知能暴力集団その他これらに準ずる

　　者（以下総称して「反社会的勢力」という。）ではないこと

(2)　反社会勢力と次の関係を有していないこと

　ア　自ら若しくは第三者の不正の利益を図る目的、又は第三者に損
　　害を与える目的をもって反社会的勢力を利用していると認めら
　　れる関係

　イ　反社会的勢力に対して資金等を提供し、又は便宜を供与するな
　　ど反社会的勢力の維持、運営に協力し、又は関与している関係

(3)　自らの役員（取締役、執行役、執行役員、監査役、相談役、会長その
　　他、名称の如何を問わず、経営に実質的に関与しているものをいう。）
　　が反社会的勢力ではないこと、及び、反社会的勢力と社会的に非難
　　されるべき関係を有していないこと

(4)　反社会的勢力に自己の名義を利用させ、本契約を締結するもので
　　ないこと

(5)　自ら又は第三者を利用して本契約に関して次の行為をしないこと

　ア　暴力的な要求行為

　イ　法的な責任を超えた不当な要求行為

　ウ　取引に関して、脅迫的な言動をし、又は暴力を用いる行為

　エ　風説を流布し、偽計又は威力を用いて相手方の業務を妨害し、
　　又は信用を毀損する行為

　オ　その他前各号に準ずる行為

2　売主又は買主の一方について、次のいずれかに該当した場合には、
　その相手方は、何らの催告を要せずして、本契約を解除することが
　できる。

　ア　前項(1)ないし(3)の確約に反する表明をしたことが判明した場
　　合

　イ　前項(4)の確約に反し契約をしたことが判明した場合

　ウ　前項(5)の確約に反した行為をした場合

3　買主は、売主に対し、<u>自ら又は第三者をして</u>本物件を反社会的勢
　力の事務所その他の<u>活動の拠点に供しない</u>ことを確約する。

4　売主は、買主が前項に反した行為をした場合には、何らの催告を

　　要せずして、本契約を解除することができる。

　5　第2項又は前項の規定により本契約が解除された場合には、解除
　　された者は、その相手方に対し、<u>違約金（損害賠償額の予定）とし
　　て金○○○○円（売買代金の20％相当額）</u>を支払うものとする。

　6　第2項又は第4項の規定により本契約が解除された場合には、解
　　除された者は、解除により生じる損害について、その相手方に対し
　　一切の請求を行わない。

　7　買主が第3項の規定に違反し、本物件を反社会的勢力の事務所そ
　　の他の活動の拠点に供したと認められる場合において、売主が第4
　　項の規定によりこの契約を解除するときは、買主は、売主に対し、
　　第5項の違約金に加え、<u>金○○○○円（売買代金の80％相当額）の
　　違約金を制裁金</u>として支払うものとする。<u>ただし</u>、宅地建物取引業
　　者が自ら売主となり、かつ宅地建物取引業者でない者が買主となる
　　場合は、この限りでない。

※1　契約締結後に反社会的勢力となり活動の拠点に供する場合も含まれる。また、
　　第三者が反社会的勢力の活動の拠点として利用することを知りながら、本物件
　　を第三者に譲渡または貸与する場合も含まれる。

※2　本物件が反社会的勢力の活動の拠点となった場合には、その影響が大きいこ
　　とから、そのような事態を排除するための条項である。

※3　損害賠償額を売買代金の20％相当額と定めることで、裁判でもこの額を変更
　　できないようにした。

※4　反社会的勢力の活動の拠点の設置を事前に抑止し、万一設置された場合には
　　これに制裁を加え、更にはその排除を容易にするための手段として制裁金を導
　　入する。

※5　宅地建物取引業者が自ら売主となり、かつ宅地建物取引業者でない者が買主
　　となる不動産の売買契約においては、一般消費者保護の観点から、損害賠償額
　　の予定と違約金の合計額は、最大でも売買代金の20％相当額以内とされている
　　ことから（宅地建物取引業法38条2項）、ただし書が必要となる。

《コラム・反社》

　暴力団等の反社会的勢力のことを略して、「反社（ハンシャ）」といわれることが多いが、15年以上前では、まだ、「反社」という表現は、馴染まれていなかった。ちょうどその頃であったと思うが、破産管財人として破産者の中古マンション一戸を売却する際に、「反社」の問題にふれることになった。このマンションが昔から「反社」の事務所が多く存在するエリアにあったことから、このマンションにも「反社」の事務所や「反社」に属する者の自宅がある可能性があったのである。この点、売主がこれらの事情等に全くふれずに買主に売却した場合には、後日のトラブルになることから、売主には一定程度の説明義務があると思われた。

　そこで、最寄りの警察署の協力を得て、このマンション近辺で過去10年間は、発砲事件等が起きていないこと、「反社」の事務所はないが「反社」に属する者の自宅が3軒あること、このマンションの周りは警察の重点パトロール地区となっていること等を調べて報告書にしたうえで、買主に開示して納得のうえ購入して貰ったことがある。

第17章　管轄に関する条項

I　チェックポイント

1　本条項の要否を検討すべき契約類型

　契約をめぐって紛争が生じた場合、最終的に紛争を解決するために裁判所を利用することがある。当事者の住所に距離がある場合、たとえば一方の当事者が東京都に住所を有し、もう一方の当事者が大阪府に有している場合、どこの裁判所を利用できるのかは、当事者にとって大きな問題となる。

　いずれの裁判所がその事件について裁判権を行使するのかについての定めのことを管轄という。

　当事者の意思を反映することのできる管轄（民事訴訟法11条1項）には、第一審裁判所を簡易裁判所と地方裁判所のいずれが担当するかについての定め（事物管轄）と、所在地の異なる同種の裁判所の間でいずれの裁判所が事件を担当できるかの定め（土地管轄）とがある。

　法は事物管轄および土地管轄についての定めを設けている。

　事物管轄については、訴訟の目的となる価格が140万円を超える請求については地方裁判所の管轄とし、140万円以下の請求については簡易裁判所の管轄としている（裁判所法24条1号、33条1項1号。なお、不動産に関する訴訟については地方裁判所が常に管轄を有する（同法24条1号））。

　土地管轄については、被告となる者の住所地・主たる事務所の所在地を管轄する裁判所に管轄権があるが（民事訴訟法4条1項）、加えて、特定の種類の事件について、さまざまな規定が設けられている。契約関係については、支払いをするべき場所（義務履行地）を管轄する裁判所にも管轄権があるとされており（同法5条1号）、支払いをするべき場所は債権者の住所地という民法の原則

（改正後民484条1項）と相まって、原告の住所地にも管轄が認められる場合が多い。その他、不法行為に基づく損害賠償請求の場合には、不法行為があった地を管轄する裁判所に管轄がある（民事訴訟法5条9号）。不動産に関する訴訟については、不動産の所在地を管轄する裁判所に管轄がある（同法5条12号）。

　ただし、一定の場合には、特定の裁判所にしか管轄が認められない場合がある（専属管轄）。たとえば、人事に関する訴えは、当該訴えにかかる身分関係の当事者の住所等がある場所等を管轄する家庭裁判所にのみ管轄がある（人事訴訟法4条1項）。

　訴えを提起する場合には、依頼した弁護士への費用の負担の問題や、当事者自らが裁判所に出頭する尋問や和解手続のための時間や費用の問題から、なるべく近場の裁判所に訴えを提起できることが便利な場合が多い。

　管轄は、第1審に限り、一定の法律関係に基づく訴えに関し、書面による当事者間の合意で定めることができるから、契約条項の中で管轄を定めておくことにより、有利な場所に訴えを提起できるようにすることや、反対に、不利な場所に訴えを提起されないようにすることが可能である。

　いかなる契約においても紛争の可能性がある以上、すべての契約類型において、管轄の条項を定めることを検討すべきである。

2　合意管轄の種類

⑴　事物管轄

　当事者は、第一審に限り、書面による合意により管轄裁判所を定めることができる（民事訴訟法11条1項・2項）から、第一審裁判所を簡易裁判所と地方裁判所のいずれが担当するかについての定め（事物管轄）を合意で定めることができる。

⑵　土地管轄

　当事者は、第一審に限り、いずれの場所の裁判所にて裁判を行うかについて、書面で合意をすることができる（民事訴訟法11条1項・2項）。

3　合意の種類

⑴　付加的合意

　法律で定められた管轄に、管轄裁判所を付け加える合意である。たとえば、静岡県のA社とB社とで契約を締結する場合に、A社の法務部などの事務部門が東京都にあるとき、A社としては東京地方裁判所に訴えを提起するほうが便宜である。このような場合には、A社としては、静岡地方裁判所だけでなく、東京地方裁判所にも訴えが提起できるよう、東京地方裁判所にも管轄があることを合意しておくことにより、東京地方裁判所に訴えを提起することができる。

　このように、付加的合意とは、静岡地方裁判所に加えて、東京地方裁判所にも訴え提起を可能とする合意をする場合である。

⑵　専属的合意

　特定の裁判所にのみ管轄を認め、その他の裁判所の管轄を排除する合意である。この合意がなされると、合意で定めた特定の裁判所にしか管轄が認められないことになる。

　契約当事者の力関係によっては、一方当事者の所在地を管轄する裁判所だけに管轄を認め、他の裁判所の管轄を排除する合意をせざるを得ないこともありうる。

　ただし、この合意に反する裁判所に訴えが提起されたとしても、被告が管轄違いの抗弁を提出せずに訴えに対応した場合には、裁判所は管轄権を有する（応訴管轄：民事訴訟法12条）。

4　移送の可否

　管轄の認められる裁判所に訴えが提起された場合であっても、裁判所は、「訴訟の著しい遅滞を避け、又は当事者の衡平を図るために必要があると認めるとき」は、別の裁判所への移送をすることができる（民事訴訟法17条）。

　たとえば、東京都に本社のあるA会社が、ある地方の営業所において、地元のB会社と取引をしていたが、紛争が生じ、東京地方裁判所に訴えを提起した。しかし、事件関係者は全員当該営業所の周辺にいるというような場合に

は、審理において尋問をする場合などを考えると、当該地方の裁判所で審理をするほうが関係者にとっては都合がよい。また、Ｂ会社を東京地方裁判所まで出頭させるのは衡平を欠くこともある。このような場合には、東京地方裁判所は当該地方の裁判所に事件を移送をすることができる。

　管轄について専属的合意があった場合でも、訴訟の著しい遅滞を避け、または当事者の衡平を図るために必要があると認めるときには、移送をすることが可能である（民事訴訟法20条1項）。

　したがって、管轄について専属的合意をしたからといって、必ず合意で定めた裁判所で審理されるとは限らないことに注意が必要である。

　また、専属的合意があるにもかかわらず、法定の管轄裁判所に訴えが提起された場合、管轄が異なっているとして、合意した裁判所への移送を申し立てることができるが（民事訴訟法16条1項）、「訴訟の著しい遅滞を避け又は当事者間の衡平を図るために、専属的合意をした裁判所に移送することなく、法定の管轄裁判所で審理する必要があると認められるとき」には、そのまま法定の管轄裁判所で審理することが許されるとする裁判例もある（名古屋高決平成28・8・2判タ1431号105頁）ことにも注意が必要である。

Ⅱ　文　例

1　典型的な文例

(1)　土地管轄のみ定める文例

（管轄）

第○条　本契約に関して裁判上の紛争が生じたときは、東京地方裁判所又は東京簡易裁判所を第一審の専属的合意管轄裁判所とする。

（注）　事物管轄は定めず土地管轄を定める文例である。具体的な裁判所名を入れて、専属的合意管轄であることにふれる。

　管轄の合意は、「一定の法律関係に基づく訴えに関し」てなされなければならず（民事訴訟法11条2項）、紛争すべてについての訴えに関する合意は許されない。

　東京地方裁判所に訴えを提起したい当事者にとっては都合がよいが、反対当事者にとっては東京地方裁判所では不便なこともある。

⑵　一方当事者の本店所在地を管轄する裁判所とする場合

（管轄）

第○条　甲乙は、本契約に関して裁判上の紛争が生じたときは、甲の本店所在地を管轄する地方裁判所を第一審の訴訟又は調停の専属的合意管轄裁判所とする。

(注)　甲の本店を管轄する地方裁判所であるので、甲には都合のよい管轄の定め方となる。甲に本店移転の予定がある場合や、移転の予定がなくとも甲の本店が移転した場合には、具体的な裁判所を定めるよりも都合がよい。

(注)　紛争解決の方法には、訴訟だけでなく民事調停（民事調停法）を申し立てる方法もある。民事調停においても、合意管轄を定めることができる（民事調停法3条1項）。契約において特に調停の管轄について定めておらず、単に管轄裁判所についてのみ定めた場合には、合意管轄が認められないとする裁判例もあるため（大阪地決平成29・9・29判タ1448号188頁）、調停についても管轄の合意があることを明確にする必要がある。

⑶　本店所在地の管轄裁判所のほかに管轄裁判所を定める文例

（管轄）

第○条　甲乙は、本契約に関して裁判上の紛争が生じたときは、甲乙の本店所在地を管轄する地方裁判所及び東京地方裁判所を第一審の訴訟又は調停の合意管轄裁判所とする。

(注)　当事者のそれぞれの本店を管轄する裁判所だけでなく、それ以外の裁判所についても管轄を認める内容である。双方の中間地点の裁判所を選択したり、双方の顧問弁護士の事務所の所在地を管轄する裁判所にも管轄を認めることが便宜である場合には、このような条項を付しておくことも考えられる。

2　両当事者の公平に配慮した文例

（管轄）

第○条　本契約に関して裁判上の紛争が生じたときは、被告となる者の本
　　　　店所在地を管轄する裁判所を第一審の専属的合意管轄裁判所とする。

（注）　被告の本店所在地を管轄する裁判所と定めることで、双方当事者にとって公
　　　平な定め方となる。ただし、自ら訴訟を提起するには障害になりかねない内容
　　　である。

3　就業規則に専属的合意管轄条項を定める文例

（管轄）

第○条　労働契約に関して裁判上の紛争が生じたときは、訴訟及び労働審
　　　　判の管轄は、会社の本店所在地を管轄する裁判所を第一審の専属的
　　　　合意管轄裁判所とする。

（注）　就業規則にて専属的合意管轄を定めることもできる。労働審判についても管
　　　轄を合意で定めることができる（労働審判法2条1項）。

《コラム・管轄条項の重要例》

　埼玉のＸ社（零細企業）は、名古屋のＹ社（大企業）と代金３億円で機械の製造販売契約を締結し、製造した機械をＹ社に引き渡したが、Ｙ社は、仕様書どおりの性能を有する機械ではないと主張して代金を支払わないという事案があった。

　Ｘ社の代理人弁護士は、訴訟による解決しかないと考えたが、本件の争点からみて裁判所での審理には相当時間がかかると予想したところ、Ｘ社が零細企業であり、新幹線料金等の交通費の経費等をあまり出せないことから、訴訟提起する裁判所は近いほうがよいと考えて、Ｙ社の本店がある名古屋地方裁判所ではなく、Ｘ社の本社近くのさいたま地方裁判所に訴訟提起した。

　これに対して、Ｙ社代理人弁護士が管轄に関する異議を出して徹底的に争ってきた。結果的にさいたま地方裁判所での管轄は認められたが、東京高等裁判所での判断がでるまでに、管轄審理だけで１年近くを要することになった。その後さいたま地方裁判所での本案の審理にも２年以上を要し、控訴審である東京高等裁判所での審理にもさらに１年を要した。もし本件の製造販売契約書に裁判管轄条項が記載されていれば、少なくとも管轄に関する審理の無駄な１年間は回避できたのである。

〔編者〕

経営法務フォーラム

《https://www.keieihoumu-forum.com/》

〔執筆者一覧〕 （50音順）

弁護士　**石川　浩司**（いしかわ　ひろし）
　　　　大原法律事務所

【経　歴】

早稲田大学大学院法学研究科修了

平成8年司法試験合格

東京弁護士会に弁護士登録

【取扱業務】

M&A・株主総会対応

労働法関連等のコーポレート全般

ストラクチャードファイナンス

事業再生・倒産、一般民事　等

弁護士　**岩田　賢**（いわた　けん）
　　　　岩田法律事務所

【経　歴】

東京大学法学部卒業

平成8年司法試験合格

東京弁護士会に弁護士登録

【取扱業務】

一般民事　会社法務　労働問題

不動産事件　交通事故・損害賠償請求

債権回収（執行・保全）　倒産事件

離婚　相続・遺言　成年後見　民事信託　等

241

弁護士　**齊藤　圭太**（さいとう　けいた）
　　　　大原法律事務所
【経　歴】
中央大学法学部卒業
平成18年司法試験合格
東京弁護士会に弁護士登録
平成26年から平成28年まで内閣府個人情報保護委員会事務局政策企画調査官
【取扱業務】
中小企業から上場企業に対する法律顧問業務（各種契約書の作成・チェック、労務問題対応等）
株主総会対応、M&A・組織再編
不動産取引法務
知的財産関連取引・エンターテイメント法務
訴訟対応　等

弁護士　**島　由幸**（しま　よしゆき）
　　　　島法律事務所
【経　歴】
中央大学法学部卒業
平成8年司法試験合格
東京弁護士会に弁護士登録
【取扱業務】
会社法務全般　株主総会指導
債権管理　M&A　企業再生　倒産
労働法関連　相続関係　遺言　離婚
一般民事　交通事故等損害賠償案件
PL法関係　不動産取引　借地借家　建築紛争　等

弁護士　**鈴木　一夫**（すずき　かずお）
　　　　藤光・鈴木法律事務所
【経　歴】
慶應義塾大学法学部卒業

平成7年司法試験合格

第二東京弁護士会に弁護士登録

【取扱業務】

会社法務全般　労働事件

倒産事件　家事事件　不動産事件

医療事件　その他一般民事事件　等

弁護士　**髙栁　一誠**（たかやなぎ　いっせい）
　　　　　やざわ法律事務所

【経　歴】

中央大学法学部卒業

平成7年司法試験合格

東京弁護士会に弁護士登録

【取扱業務】

一般民事　会社法務　労働問題

不動産取引　借地借家　任意売却

倒産事件　破産管財業務

家事事件　相続遺言　後見・財産管理　等

弁護士　**寺尾　幸治**（てらお　こうじ）
　　　　　みなと協和法律事務所

【経　歴】

東京大学法学部卒業

平成7年司法試験合格

東京弁護士会に弁護士登録

【取扱業務】

一般民事　家事事件（相続、離婚）

会社法務　労働紛争（使用者側）

インターネット関連法　著作権

医療事件　建築紛争　借地借家　等

取引契約条項別の文例作成とチェックポイント

令和 2 年 8 月29日　第 1 刷発行

定価　本体2,600円＋税

編　　　者　　経営法務フォーラム

発　　　行　　株式会社　民事法研究会

印　　　刷　　株式会社　太平印刷社

発 行 所　株式会社　民事法研究会
　　　　　　〒150-0013　東京都渋谷区恵比寿 3-7-16
　　　　　　〔営業〕TEL 03(5798)7257　FAX 03(5798)7258
　　　　　　〔編集〕TEL 03(5798)7277　FAX 03(5798)7278
　　　　　　http://www.minjiho.com/　info@minjiho.com

落丁・乱丁はおとりかえします。　ISBN978-4-86556-373-3　C2032　Y2600E
カバーデザイン　関野美香